中国电力行业法治合规年度发展报告

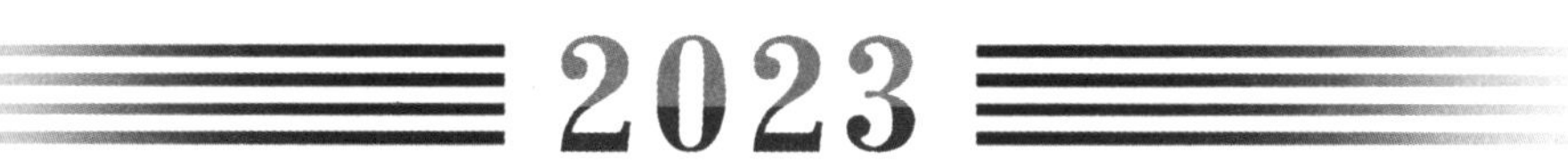

中国电力企业联合会法律分会　编著

中国建材工业出版社

图书在版编目（CIP）数据

中国电力行业法治合规年度发展报告．2023/中国电力企业联合会法律分会编著．--北京：中国建材工业出版社，2023.9

ISBN 978-7-5160-3804-8

Ⅰ．①中…　Ⅱ．①中…　Ⅲ．①电力工业－工业企业－企业法－研究报告－中国－2023　Ⅳ．①D922.292.4

中国国家版本馆 CIP 数据核字（2023）第 148275 号

中国电力行业法治合规年度发展报告 2023
ZHONGGUO DIANLI HANGYE FAZHI HEGUI NIANDU FAZHAN BAOGAO 2023
中国电力企业联合会法律分会　编著

出版发行：中国建材工业出版社
地　　址：北京市海淀区三里河路 11 号
邮　　编：100831
经　　销：全国各地新华书店
印　　刷：北京天恒嘉业印刷有限公司
开　　本：889mm×1194mm　1/16
印　　张：10.75
字　　数：210 千字
版　　次：2023 年 9 月第 1 版
印　　次：2023 年 9 月第 1 次
定　　价：**398.00 元**

本社网址：www.jccbs.com，微信公众号：zgjcgycbs
请选用正版图书，采购、销售盗版图书属违法行为

本书如有印装质量问题，由我社市场营销部负责调换，联系电话：（010）57811387

《中国电力行业法治合规年度发展报告2023》

编委会

《中国电力行业法治合规年度发展报告2023》

编 写 组

组　　长　宋立军

副 组 长　蓝国青　陈小涛　刘树根　王惠红
　　　　　路磊宏

成　　员　（以姓氏笔画为序）
　　　　　万雅丽　马　广　马　体　马　悦
　　　　　马　楠　王　炜　王　晗　王　超
　　　　　左　皓　叶继宏　白如银　齐子杨
　　　　　李　玄　李太厚　李宗英　李爱平
　　　　　杨　建　杨程程　吴伟伟　邱志伟
　　　　　张　东　张蓓蕾　陈　锦　林　新
　　　　　孟　超　赵海峰　俞　冲　姚敬明
　　　　　徐宝华　黄英铝　梁汝明　谢　潜
　　　　　潘卫群　冀　强

前言

法治兴则国兴，法治强则国强。党的十八大以来，以习近平同志为核心的党中央从关系党和国家长治久安的战略高度来定位法治、布局法治、厉行法治，开创了全面依法治国的新局面，形成了习近平法治思想，领航法治中国阔步前行。党的二十大报告对“坚持全面依法治国，推进法治中国建设”作出专章阐述、专门部署，提出一系列新论断、新举措、新要求，为推动新时代法治建设指明了前进方向、提供了根本遵循，擘画出一幅更高标准和更高水平的法治中国新图景，新时代法治中国建设由此掀开了新篇章。

2022 年，电力行业以习近平法治思想为指引，深入学习贯彻党的二十大精神，认真落实国务院国资委印发的《中央企业合规管理办法》和“合规管理强化年”的各项部署，深入推动法治建设和合规管理走深走实，法治合规工作在企业稳健经营、高质量发展中发挥了重要的规范、引领和保障作用。为系统介绍中国电力行业法治合规工作面临的形势、任务及取得的成就，中国电力企业联合会法律分会组织编写了《中国电力行业法治合规年度发展报告 2023》（以下简称《报告 2023》）。

《报告 2023》共分为 5 章，从法治建设要求、法律法规体系、合规管理体系、电力行业监管形势等方面，分析了法治合规工作目前所处的发展环境；从领导责任体系、依法治理体系、规章制度体系、合规管理体系及工作组织体系等方面，深入阐释了法治合规工作体系的建设情况；从支撑保障能力、风险管控能力、主动维权能力、数字化法治能力、文化引领能力等方面，归纳总结了法治合规工作的成效及进展；从实现“双碳”目标、推动新型电力系统建设、深化电力市场化改革、保障电力供应、加快数字化发展、推进国际化等方面，分析了电力行业法治合规工作面临的新形势、新任务；从优化法治环境、强化合规管理、服务改革发展、深化体系融合、推进数字化建设、加强境外业务合规建设、加快建设世界一流企业等方面，对电力行业法治合规工作进行了展望。附录精选了电力行业法治合规工作体系、公司治理、制度建设、法律保障、风险管控、依法维权、法治合规文化建设 7 个专题 45 个典型案例，生动展现了众多电力企业的特色做法和鲜活经验。

《报告 2023》在编写过程中，得到了国务院国资委等有关政府部门、行业专家学者及会员单位的大力支持和帮助，在此深表感谢！希望《报告 2023》能够为电力企业开展法治合规工作提供有益借鉴，为关心电力事业的社会各界朋友提供有益参考。

编委会

2023 年 7 月

目 录

第一章 综 述

守法经营是任何企业都必须遵守的一个大原则，企业只有依法合规经营才能行稳致远。《法治中国建设规划（2020—2025 年）》《法治社会建设实施纲要（2020—2025 年）》等中央文件对企业依法合规经营提出了明确要求。企业依法合规经营是落实习近平法治思想的必然要求和重要实践，也是依法治企的重要内容。

企业强，则国家强。当今世界百年未有之大变局加速演进，外部不确定不稳定性因素显著增加，国际竞争越来越体现为规则之争、法律之争。我国进入了中华民族伟大复兴的关键阶段，发展处于大有作为的重要战略机遇期，但发展不平衡不充分问题仍然突出，在这样的背景下加快建设世界一流企业，就必须有一流的法治合规工作做保障。当下，企业面临的国内外环境和风险挑战日趋复杂、严峻，必须加快提升企业依法合规经营的管理水平，以确保企业改革发展的各项任务在法治轨道上稳步推进。

电力行业是现代工业和现代社会发展的基础，是国家能源安全的重要保障。电力行业的发展对于促进能源结构调整、提高能源利用效率、保障国家能源供应和稳定经济社会发展具有重要意义。在全面依法治国、深化法治企业建设、创建世界一流企业的大环境下，电力企业必须建立健全法治合规体系，加强法治合规管理，促进企业依法合规经营，保障企业基业长青。

一、电力行业法治合规工作现状及取得的进展

党的二十大报告提出，全面依法治国是国家治理的一场深刻革命，关系党执政兴国，关系人民幸福安康，关系党和国家长治久安。必须更好发挥法治固根本、稳预期、利长远的保障作用，在法治轨道上全面建设社会主义现代化国家。2022 年 2 月 28 日，习近平总书记主持召开中央全面深化改革委员会第二十四次会议时强调加快建设一批“产品卓越、品牌卓著、创新领先、治理现代”的世界一流企业。中央的决策部署、习近平总书记的重要讲话精神，为电力企业全面建成“治理完善、经营合规、管理规范、守法诚信”的法治企业指明了方向。

2022 年，电力行业全面贯彻习近平法治思想，以党的二十大精神为统领，进一步落实国务院国资委法治合规工作要求，围绕经营管理过程中存在的突出问题，深入开展“合规管理强化年”行动，持之以恒地深化法治建设，旗帜鲜明地强化合规

管理。通过深化合规管理工作机制和重点领域合规体系建设，着力补齐管理短板，提升合规管理水平，初步建成了贯穿企业各层级、覆盖各业务领域的合规管理体系，并实现了体系的稳步运行。同时，国家能源电力法律法规逐步健全，法治合规体系日臻完善，行业监管要求日趋严格，为电力企业全面推进依法治企、加快建设世界一流企业提供了良好的外部环境。

电力企业大力弘扬法治精神，不断创新和优化法治工作体系，纵深推进企业主要负责人法治建设“第一责任人”的职责落实，让“关键少数”的作用日益显现；全面推行总法律顾问制度，配齐建强法律专业队伍，法治合规人才队伍不断壮大；持续健全合规管理组织体系、制度体系、运转体系和责任体系，运行机制逐步优化；圆满完成“合规管理强化年”行动，“三道防线”作用有效发挥，业法融合、业规融合不断深入；逐步提升安全生产、劳动用工、税务管理、数据保护等重点领域风险防控能力，重大改革法治保障更加有力；全面落实重大决策合法合规性审核，法治合规监督作用更加彰显，依法合规经营水平显著提升；不断完善规章制度体系，强化制度宣传贯彻落实，靠制度管人管事管企业蔚然成风；积极配合涉电行政执法，大力加强法律纠纷案件和信访舆情管理，非诉纠纷解决机制成效显现，主动维权意识和能力持续提升；深化法治合规信息化数字化建设，加强数字化技术应用，法治数字化水平大幅提高；法治教育工作扎实到位，法治合规理念深入人心，法治文化引领能力持续提升。

二、电力行业法治合规工作面临的形势

党的二十大报告首次单独把“法治建设”作为专章论述、专门部署，充分体现了以习近平同志为核心的党中央对全面依法治国的高度重视，进一步丰富和发展了习近平法治思想，凸显了法治建设事关国家根本的战略地位。

电力企业作为保障国家能源安全的主力军，在实现“双碳”目标、推动新型电力系统建设、深化电力市场化改革、保障电力供应、加快数字化发展、推进国际化进程等方面面临复杂形势并承担着重大使命。目前，受外部市场环境、经营管理水平及企业法治文化建设等因素影响，部分电力企业仍未把经营发展与依法合规工作有机统一起来，法治合规体系还不够健全，业法融合、业规融合还不够深入，在防范法律合规风险、应对法律纠纷案件方面还存在薄弱环节，同时法治合规专业人才培养还有待加强，法治人才队伍还不能完全适应创建世界一流企业的要求，队伍履职能力水平还有待提升。这些问题的存在，迫切要求电力企业进一步深化法治建设、强化合规管理。

电力行业企业法治合规工作正处于深化发展的关键时期，面对新形势、新挑战、

新任务，电力企业需要全面落实中央企业深化法治建设、强化合规管理工作部署，旗帜鲜明地尊法治、强合规、防风险、优管理，围绕“双碳”目标任务、新型电力系统建设、深化国有企业改革及电力市场化改革等重点任务，在持续提升法治合规工作的引领支撑能力、风险管控能力、涉外保障能力、主动维权能力和数字化管理能力的基础上采取更有力的措施、展现更积极的作为，从而确保电力行业法治合规建设不断取得新进展和新成效。

三、电力行业法治合规工作展望

党的二十大报告提出，坚持依法治国，是全面推进国家治理体系和治理能力现代化、建设中国特色社会主义法治国家的战略任务。国务院国资委在《关于进一步深化法治央企建设的意见》中提出，要着力推动法治建设，不断健全领导责任体系、依法治理体系、规章制度体系、合规管理体系、工作组织体系，推动企业在市场竞争中依法合规经营，推动央企法治水平全面提升。

依法治企是全面依法治国战略在企业管理层面的必然要求，是企业实现高质量发展的重要保障，是强企之基、兴企之本、健企之策。在未来的法治合规工作中，电力企业要积极推动能源电力法律体系和电力行业合规标准体系建设，逐步完善企业规章制度体系，提升法治合规支撑保障能力；要以进一步完善中国特色现代企业制度为目标，科学制定并发挥好公司章程、治理主体议事规则、“三重一大”相关制度基础性作用，推动党的领导融入公司治理制度化、规范化、程序化，进一步明确各治理主体的权力与职责边界，构建权责法定、权责透明、协调运转、有效制衡的现代化公司治理机制；要进一步强化合规管理，全面培育合规文化，创建合规品牌，将日常生产经营管理与法治合规要求深度融合，持续增强合规穿透力，提升法治合规品牌影响力；要更加注重服务改革发展，超前研究法治合规问题，强化依法合规决策质效，深化“以案促管”长效机制，真正把合规管理融入企业价值创造进程，提升法治合规价值创造能力；要不断深化体系融合，探索实施法律、合规、风险、内控协同管理模式，深化法律合规与审计巡察等监督的协同，充分发挥大监督体系合力，切实提升法律合规风险防范能力；要加快推进数字化建设，完善法治合规数字化平台，实现电力业务与法治合规数字化建设相融合，用数字化手段赋能法治合规工作，提升法治合规数智化管理能力；要特别注重加强境外业务合规建设，完善境外业务合规管理体系，进一步提升境外业务合规管理和国际化水平，加快建设世界一流企业。

“千淘万漉虽辛苦，吹尽狂沙始到金。”随着国家治理体系和治理能力现代化的不断推进，新时代电力企业的法治合规工作任重道远。为实现“十四五”目标，电力企业应坚持以党的二十大精神为指引，深入贯彻落实习近平法治思想，自信自强、守正创新、踔厉奋发、勇毅前行，全面加强法治建设，纵深推进合规管理，着力提升法治合规工作的引领支撑能力、价值创造能力、风险防范能力、数智化管理能力及涉外保障能力，切实将全面依法治国战略部署和法治企业建设要求落到实处，为电力行业深化改革发展、加快建设世界一流企业、实现高质量发展保驾护航。

第二章　电力行业法治合规工作环境

“天下从事者，不可以无法仪。无法仪而其事能成者，无有也。”法治中国建设和全面深化改革的纵深推进，对电力行业法治合规工作提出了新的更高要求。国家立法进程加快，能源法律法规体系逐步完善，法治合规工作环境不断改善，合规管理体系日趋成熟，为电力企业行稳致远、高质量发展提供了坚强有力的法治保障。

第一节　法治建设要求

一、习近平法治思想是深化法治合规工作的根本遵循

党的十八大以来，以习近平同志为核心的党中央创造性地提出了一系列全面依法治国的新理念、新思想、新战略，形成了习近平法治思想。习近平法治思想是马克思主义法治理论中国化的最新成果，是中国特色社会主义法治理论的重大创新发展，是习近平新时代中国特色社会主义思想的重要组成部分，是新时代全面依法治国的根本遵循和行动指南。其基本内容集中体现为习近平总书记在中央全面依法治国工作会议上明确提出并深刻阐述的“十一个坚持”，内涵丰富、论述深刻、逻辑严密、系统完备，既是对党领导法治建设丰富实践和宝贵经验提炼升华的重大理论创新成果，又是引领新时代全面依法治国不断从胜利走向新的胜利的光辉思想旗帜。

《习近平法治思想学习纲要》（以下简称《纲要》）中指出，只有全面依法治国，才能有效保障国家治理体系的系统性、规范性、协调性、稳定性，才能最大限度地凝聚社会共识。要充分发挥法治的引领、规范和保障作用，以深化依法治国实践检验法治建设成效，着力固根本、扬优势、补短板、强弱项，推动各方面制度更加成熟、更加定型，逐步实现国家治理制度化、程序化、规范化、法治化。要坚持依法应对重大挑战、抵御重大风险、克服重大阻力、解决重大矛盾。《纲要》全面反映了习近平新时代中国特色社会主义思想在法治领域的原创性贡献，系统阐释了习近平法治思想的基本精神、基本内容、基本要求，电力行业企业要深入学习贯彻习近平法治思想，要更加自觉用习近平法治思想指导解决实际问题。

依法治企是依法治国的微观基础和重要组成部分。习近平总书记多次强调，守法经营是任何企业都必须遵循的大原则，也是长远发展之道，各类企业都要把守法

诚信作为安身立命之本，做到依法经营、依法治企、依法维权。国务院国资委为深入贯彻落实习近平法治思想，在总结中央企业合规管理实践、借鉴国际大企业先进做法的基础上印发了《中央企业合规管理办法》，从制度建设、运营机制、合规文化、监督问责等方面对央企进一步深化合规管理作出细化规定，是国务院国资委首部针对合规管理发布的部门规章。

电力行业关乎国计民生和国家能源安全，是能源行业的核心领域。为适应市场化、法治化、现代化、国际化发展的需要以及全球持续强化企业合规的大趋势，电力企业必须始终以习近平法治思想为指引，主动融入法治中国、法治社会建设，发挥依法治企表率作用，把强法治、促管理、防风险作为保障企业稳健发展的重要举措，着力打造“治理完善、经营合规、管理规范、守法诚信”的法治企业，将法治要求贯穿决策执行监督全过程，覆盖生产经营管理各领域，确保企业在法治轨道上高质量发展。

二、党的二十大报告对法治合规工作提出新要求

要用法治思维方法将企业改革发展纳入法治轨道。党的二十大报告指出“全面推进国家各方面工作法治化”“必须更好发挥法治固根本、稳预期、利长远的保障作用，在法治轨道上全面建设社会主义现代化国家”。其深刻内涵在于，要从党和国家事业发展全局的战略高度，将国家各方面工作都纳入法治轨道，从而更好地发挥法治引领、规范和保障国家各方面工作的作用。电力企业要全面系统地推进企业法治化管理，自觉推动依法治企，全力以赴做好防风险、保安全、护稳定、促发展等各项工作，一体推进法治体系、法治能力、法治文化建设，自觉运用法治思维和法治方式治理企业、保障改革、推动发展。

要积极配合以宪法为核心的新时代中国特色社会主义法律体系建设。党的二十大报告指出“加强重点领域、新兴领域、涉外领域立法，统筹推进国内法治和涉外法治，以良法促进发展、保障善治”。电力行业作为关乎国计民生的重点领域，要主动配合国家立法，特别是《中华人民共和国能源法》（以下简称《能源法》）、《中华人民共和国电力法》（以下简称《电力法》）等重要法律法规的制（修）订工作，积极建言献策，推动电力立法进程，促进电力事业发展。

要扎实提升依法合规经营水平。党的二十大报告指出“加大关系群众切身利益的重点领域执法力度”。电力行业的基础公益属性和广泛的社会影响力，决定了电力行业企业将面临更加严格的监管和执法力度。电力企业需要时刻坚持“人民电业为人民”的服务宗旨，不断提升自身的依法合规水平，确保经营管理各领域、各环节经得起监管部门的检验。

要积极配合严格公正司法。党的二十大报告指出“公正司法是维护社会公平正义的最后一道防线”。电力企业作为市场主体之一，其生产经营行为均受国家法律的约束，在遵纪守法、履行义务的同时，也期盼并需要在公正司法的平等保护下平稳、高效地发展，更好地为市场化、法治化、国际化一流营商环境贡献力量，为经济社会发展和能源转型作出积极贡献。

要全面融入法治社会建设。党的二十大报告指出“弘扬社会主义法治精神，传承中华优秀传统法律文化，引导全体人民做社会主义法治的忠实崇尚者、自觉遵守者、坚定捍卫者”“深入开展法治宣传教育，增强全民法治观念”。电力企业要结合《法治社会建设实施纲要（2020—2025 年）》，重点做好“八五”普法宣传教育，主动承担起普法社会责任，努力使尊法学法守法用法在全社会蔚然成风。

第二节 法律法规体系

一、能源法律法规体系

习近平总书记指出，要“立足我国能源资源禀赋，坚持先立后破，有计划分步骤实施碳达峰行动”“加强能源产供储销体系建设，确保能源安全”。国家层面积极推进能源重点领域立法项目的制（修）订工作。“十四五”期间，《能源法》列入《全国人大常委会 2022 年度立法工作计划》初次审议的法律案，以及《国务院 2022 年度立法工作计划》中拟提请全国人大常委会审议的法律案。《电力法》《中华人民共和国节约能源法》《中华人民共和国煤炭法》《碳排放权交易管理暂行条例》等一系列法律法规被纳入立法制定、修订计划，能源法律法规体系正在不断健全。

（一）国务院规范性文件

2022 年 5 月 14 日，国务院办公厅转发了国家发展改革委、国家能源局《关于促进新时代新能源高质量发展实施方案》，其中“严格落实生态环境分区管控要求，统筹安排大型风光电基地建设项目用地用林用草”“在依法合规、风险可控、商业可持续前提下，金融机构可以自主确定是否对已纳入可再生能源发电补贴清单的项目发放补贴确权贷款”等内容，为更好发挥新能源在能源保供增供方面的作用，扎实做好碳达峰、碳中和工作提供了指引。

（二）部门规范性文件

1. 能源发展规划及计划

2022 年 1 月 29 日，国家发展改革委、国家能源局印发《“十四五”现代能源体系规划》，阐明了我国能源发展的方针、主要目标和任务举措，明确要着力构建清洁、低碳、安全、高效的能源体系，推动形成绿色低碳的能源消费模式，增强能源科技创新能力，加快能源产业数字化和智能化升级，推动能源系统效率大幅提高，全面提升能源产业基础高级化和产业链现代化水平。

2022 年 3 月 17 日，国家能源局印发《2022 年能源工作指导意见》，提出要增强能源治理能力，加大能源监管力度，加快能源立法和规划实施等意见，为 2022 年能源高质量发展，做好重点工作任务提供了指引。

2022 年 6 月 1 日，国家发展改革委、国家能源局、财政部等九部门联合印发《“十四五”可再生能源发展规划》，明确了“十四五”期间可再生能源发展的主要方向和目标，为破解新能源发展困局和堵点指明了路径。

2. 绿色低碳发展方面

2022 年 1 月 30 日，国家发展改革委、国家能源局印发《国家发展改革委 国家能源局关于完善能源绿色低碳转型体制机制和政策措施的意见》，指出要协调开展跨省跨区电力、油气等能源输送通道及储备等基础设施和安全体系建设；建立电能替代推广机制，通过完善相关标准等加强对电能替代的技术指导；完善和推广绿色电力证书交易，促进绿色电力消费；在符合电力规划布局和电网安全运行条件的前提下，鼓励通过创新电力输送及运行方式实现可再生能源电力项目就近向产业园区或企业供电，鼓励产业园区或企业通过电力市场购买绿色电力。

2022 年 4 月 22 日，国家发展改革委、国家统计局、生态环境部印发《关于加快建立统一规范的碳排放统计核算体系实施方案》，指出要组织制（修）订电力、钢铁等重点行业碳排放核算方法及相关国家标准，要优先聚焦电力等行业和产品制定其原材料、半成品和成品的碳排放核算方法，进一步加快建立统一规范的碳排放统计核算体系。

2022 年 10 月 9 日，国家能源局印发《能源碳达峰碳中和标准化提升行动计划》，提出了优化完善特高压交、直流标准体系建设，为主干网架和跨省区输电通道建设提供标准支撑；持续推动电力需求侧资源开发、应用等配套标准研制，有效拓展电力系统调节资源；推进电力市场标准体系建设；进一步完善和提升电力输送能效标准等，充分发挥标准推动能源绿色低碳转型的技术支撑和引领性作用等重点任务。

2022 年 11 月 16 日，国家发展改革委、国家统计局、国家能源局印发《国家发展改革委 国家统计局 国家能源局关于进一步做好新增可再生能源消费不纳入能源消费总量控制有关工作的通知》，指出电网企业和有关行业协会要加强对可再生能源省内和省间交易、消费和结算等数据的统计核算，加强对相关数据的收集、分析、校核，确保可再生能源消费数据真实准确，对推动能源清洁低碳转型、保障高质量发展合理用能需求具有重要意义。

3. 电力行业监督方面

2022 年 1 月 12 日，国家能源局印发《2022 年能源监管工作要点》，提出要抓好加强党中央、国务院重大决策部署落实情况监管等 19 项监管重点，进一步维护公平竞争的市场秩序。

2022 年 4 月 26 日，国家能源局综合司印发《国家能源局综合司关于加强电化学储能电站安全管理的通知》，细化了电化学储能电站在规划设计、安全管理、设备选型、施工验收、应急消防处置能力建设等方面的工作任务，进一步加强电化学储能电站安全管理，以便更好地发挥电化学储能电站在改善电力调度方式、提高供电可靠性等方面的作用。

2022 年 5 月 27 日，国家能源局印发《燃煤发电厂贮灰场安全监督管理规定》，对燃煤发电厂贮灰场建设、运行、闭库和闭库后的安全监督提出明确要求，进一步加强了燃煤发电厂贮灰场的安全监督管理。

2022 年 11 月 28 日，国家能源局印发《防止直流输电系统安全事故的重点要求》，全面总结了直流输电系统的运行经验和事故教训，针对性地制定防止直流输电系统安全事故的管理、技术指导性意见措施，为能源行业相关企业开展安全生产管理工作提供了明确遵循。

4. 新能源管理方面

2022 年 5 月 24 日，国家发展改革委办公厅、国家能源局综合司印发《国家发展改革委办公厅 国家能源局综合司关于进一步推动新型储能参与电力市场和调度运用的通知》，提出“新型储能可作为独立储能参与电力市场”“鼓励配建新型储能与所属电源联合参与电力市场”“加快推动独立储能参与电力市场配合电网调峰”等 12 项内容，进一步明确了新型储能的市场定位，完善了相关的市场机制、价格机制和运行机制。

2022 年 9 月 13 日，国家发展改革委办公厅、国家能源局综合司印发《国家发展改革委办公厅 国家能源局综合司关于促进光伏产业链健康发展有关事项的通知》，提出要“加强行业监管，严格贯彻落实价格法、反垄断法”，为推进大型光伏基地建设、支撑我国清洁能源健康有序发展提供保障。

2022 年 11 月 30 日，国家能源局修订印发的《光伏电站开发建设管理办法》，对集中式光伏电站的行业管理、年度开发建设方案、项目建设管理、电网接入管理、运行监测等方面提出了具体的工作要求，进一步规范了光伏电站的开发建设管理，为促进光伏发电持续健康发展提供了法律依据。

（三）地方能源立法与政策制定

2022年，各省（区、市）加快地方能源立法，取得重大突破。部分省（区、市）结合地方实际，制定了一系列能源行业的地方性法规及政策文件。例如，甘肃、浙江、安徽等省份分别制定了《甘肃省农村能源条例》《浙江省电力条例》《安徽省实施〈中华人民共和国电力法〉办法》等地方性法规，江苏、北京、湖南、重庆、江西等省市先后颁布6项“双碳”政策，各地在政策规划中基本确立了构建新型电力系统以及相应的储能目标。此外，北京、上海、浙江、福建等省份在“十四五”规划中，对能源发展和应用均做了相关规划和要求。以北京为例，北京市在“十四五”规划中从多个方面为本地区能源领域的未来发展和前进方向提供了指引：要聚焦能源等重点学科领域，布局前沿领域交叉研究平台；发挥能源领军企业的创新带动作用，加快氢能燃料电池、储能、能源互联网装备等技术突破及成果转化落地；推进能源绿色低碳智慧转型，切实转变城市能源发展方式；深化与“一带一路”沿线国家在低碳环保、新能源等领域的合作；等等。

浙江省通过“双碳”背景下全国首部地方性电力法规

2022年9月29日，浙江省第十三届人民代表大会常务委员会第三十八次会议正式通过《浙江省电力条例》（以下简称《条例》）。《条例》共8章81条，涵盖电力规划建设、生产交易、运行安全、供应使用、设施保护等内容。

《条例》明确“电力事业发展应当坚持统筹规划、安全高效、清洁低碳、适度超前的原则，保障电力供需平衡，构建电源、电网、负荷、储能协调互动的新型电力系统，推进碳达峰、碳中和”。《条例》新增了电力需求响应及可中断负荷的相关条款，强调电力设施保护，补充了危害电力设施的禁止性行为，并对密集输电通道的保护作出了专门规定。

《条例》统筹政府行政管理与有效市场。首次明确指出要推动建立健全统一开放、竞争有序、安全高效、治理完善的电力市场体系。规定省电力管理部门应当加强对电力交易机构的监督管理，推进电力交易信息的公开、透明。要求制定可再生能源发电企业与周边用户直接交易规则，完善电力中长期和现货交易机制，深入推进电力体制机制改革。

《条例》优化营商环境与改善民生需求。充分关注生产生活用电标准，强化数字赋能。明确“一户多人口”电价政策，同一住址共同居住生活的居民人数较多的，可以按照有关规定享受电价优惠。

《条例》的颁布和实施为推动能源转型发展提供了依据，有利于推进电力体制改革，打造规范、公平、透明、高效的市场，提高了获得电力水平，改善了电力营商环境。

安徽省颁布《安徽省实施〈中华人民共和国电力法〉办法》

2022年12月15日，安徽省第十三届人大常委会第三十九次会议审议通过了《安徽省实施〈中华人民共和国电力法〉办法》（以下简称《办法》），《办法》共6章63条，是安徽省首部地方性电力行业综合性法规。

在保障电力安全方面，《办法》界定电力设施保护工作的相关部门、企业及用户权责，构建电力设施保护、紧急避险等机制，防范、化解各类电网风险，切实保障省域内电力安全。《办法》完善了各级政府对重要输电通道的保护义务，增进了全社会保护电力大动脉的共识；要求电力企业应当加强电网建设、改造、安全等相关投资，提高电网安全运行能力；将重要电力用户的安全隐患整治责任、用户对设备接入和维护的安全责任等上位法未明确的内容纳入保护范畴，力求消除“盲区”，实现保护“全覆盖”。

在提升服务水平方面，《办法》规定了供电企业优化营商环境的责任与义务，要求办理用电业务，自受电装置检验合格并办结相关手续之日起，居民用户不超过两个工作日，非居民用户不超过三个工作日；压缩供电抢修服务时限，城区范围内不超过45分钟，农村地区不超过90分钟，边远、交通不便地区不超过120分钟。规定了供电企业在不同情形下中断停电时的事先告知、报告义务，确定了供电企业不得损害用户权益的6种具体行为，为满足人民日益增长的美好生活需要提供坚强保障。

在推动能源转型方面，《办法》进一步完善了新能源发电设备入网、电能消纳和收购等相关法律制度，确定了住宅小区、商业综合体等配电和充换电设施建设管理要求，实施全面节约战略，鼓励推动新型电力系统建设和新型能源体系构建。明确要求电力企业、用户应当按照规定采用节能新技术、新工艺、新材料；鼓励在工农业生产、建筑、交通运输、居民生活等领域开展电能替代，提高电能占终端能源的消费比重。

二、电力法律法规体系

从1980年实施电力改革以来，我国电力法律体系建设与时俱进，形成了以《电力法》为核心，由《电力供应与使用条例》《电力设施保护条例》《电网调度管理条例》《电力监管条例》等法律法规组成的相对完善的电力法律法规体系。

2022年，国家相关部门出台了一系列涉电的重要政策法规及规范性文件，涉及电力安全稳定运行、电力可靠性管理、电价管理及新能源汽车产业发展等内容，为电力行业的稳健发展提供支撑和保障。

电力安全运行方面，2022年4月26日，国家能源局发布《风电场利用率监测统计管理办法》，要求进一步规范、完善风电场受限电量和利用率监测统计工作，促进风电消纳和风电行业高质量发展。2022年10月17日，国家能源局印发《电力二次系统安全管理若干规定》，进一步加强电力系统安全监管，提升电力二次系统安全管理的针对性、有效性，更好地服务电力行业安全、高质量发展。2022年11月16日，国家能源局印发《电力行业网络安全等级保护管理办法》和《电力行业网络安全管理办法》，加强了电力行业网络安全的监督管理。2022年12月29日，国家能源局印发《电力安全隐患治理监督管理规定》，明确电力企业（含电力建设施工企业）隐患排查治理、监督管理等方面的要求，为有效防范遏制电力事故事件的发生提供遵循。

电力可靠性管理方面，2022年4月16日，国家发展改革委发布《电力可靠性管理办法（暂行）》，针对当前电力运行及供应中的重点领域和薄弱环节，对系统、发、输、供、用五大环节分别提出了针对性措施，明确了电网、发电、供电和能源管理部门的不同工作要求，为促进电力工业高质量发展提供了支撑。

电价管理方面，2022年12月23日，国家发展改革委办公厅印发《国家发展改革办公厅关于进一步做好电网企业代理购电工作的通知》，在继续执行《国家发展改革委办公厅关于组织开展电网企业代理购电工作有关事项的通知》的基础上，提出要保障用户可靠安全用电，逐步优化代理购电制度，加强事中事后监管等要求，进一步构建“能涨能跌”的市场化电价机制，推动电力市场健康发展。

新能源汽车产业发展方面，2022年1月10日，国家发展改革委、国家能源局等10个部门联合印发《国家发展改革委等部门关于进一步提升电动汽车充电基础设施服务保障能力的实施意见》，明确了建立健全行业监管体系、优化财政支持政策等21项内容，推动解决充电基础设施建设运维过程中存在的问题，助力电动汽车行业高质量发展。

2022年，各地陆续出台或修订了多项地方性法规、政府规章和规范性文件，如《浙江省电力条例》《安徽省实施〈中华人民共和国电力法〉办法》《内蒙古自治区电力设施保护条例》《广州市供用电条例》《肇庆市供用电设施保护条例》《浙江电力零售市场管理办法（试行）》《山西省电力市场运营管理办法》《青海省电力源网荷储一体化项目管理办法（试行）》《海南省优化电力接入实施办法（暂行）》《内蒙古自治区售电公司管理办法》《沈阳市电力设施保护区内施工作业许可管理办法》

《宁夏回族自治区有序用电管理细则》《陕西省电力零售市场交易细则》《山西省售电公司管理实施细则》等，为各地推动电力市场化改革和电力事业健康发展提供了规则遵循和法治保障。

第三节 合规管理要求

自2018年《中央企业合规管理指引（试行）》颁布以来，国务院国资委持续强化合规管理，将2022年确定为中央企业“合规管理强化年”，要求中央企业围绕加快建设世界一流企业目标，全面总结合规管理工作，努力解决重点、难点问题，逐步形成职责分工更加明晰、机制运行更加顺畅、合规意识更加牢固、风险防控更加有效的合规管理体系，推动中央企业依法合规治企能力水平进一步提升。电力企业全面落实国务院国资委统一部署，不断提升依法合规经营管理水平，促进专业领域合规管理体系更加健全。

一、合规管理政策文件

在总结中央企业合规管理实践和借鉴国际大企业先进做法的基础上，2022年8月23日，国务院国资委印发了《中央企业合规管理办法》，自2022年10月1日起施行。《中央企业合规管理办法》是国务院国资委成立以来首部针对合规管理发布的部门规章。与《中央企业合规管理指引（试行）》相比较，《中央企业合规管理办法》更加突出刚性约束，内容更全、要求更高、措施更实。

《中央企业合规管理办法》明确了合规管理主体职责，按照法人治理结构，规定了企业党委（党组）、董事会、经理层、合规委员会、首席合规官等主体的合规管理职责，进一步明确了业务及职能部门、合规管理部门和监督部门合规管理职责。建立健全合规管理制度体系，要求中央企业结合实际，制定合规管理的基本制度、具体制度或专项指南，构建分级分类的合规管理制度体系，强化对制度执行情况的检查。全面规范合规管理运行机制，对合规风险识别评估预警、合规审查、风险应对、问题整改、责任追究等提出明确要求，实现合规风险闭环管理。积极培育合规文化，要求中央企业通过法治专题学习、业务培训、加强宣传教育等，多方式、全方位地提升全员合规意识，营造合规文化氛围。加快推进合规管理信息化建设，推动中央企业运用信息化手段将合规要求嵌入业务流程，利用大数据等技术对重点领域、关键节点开展实时动态监测，实现合规风险即时预警和快速处置。

2022年4月19日，全国工商联等九部门联合发布《涉案企业合规建设、评估和审查办法（试行）》，从合规建设的领导组织和机构、专项合规计划、合规承诺、合规管理制度和运行机制等方面，对涉案企业合规建设提出具体要求，并明确涉案企业应当以专项合规为重点，逐步推动实现全面合规。2022 年 10 月 12 日，国家标准《合规管理体系要求及使用指南》发布并实施，该标准等同采用了 ISO 国际标准（ISO 37301：2021），规定了建立、开发、实施、评价、维护和改进有效的合规管理体系的具体要求，这标志着组织合规管理体系建设和认证有了基本遵循，也填补了民营企业、混改企业等在合规管理指导性文件上的空白。2022 年 12 月 27 日，中国标准化协会发布《经营者公平竞争合规管理体系建设》团体标准，对最高管理者、内部审核、第三方审核、合规风险控制、持续改进等方面提出明确要求。

电力企业积极响应国务院国资委的统一部署，认真落实《中央企业合规管理办法》中的相关规定，明确合规管理相关主体职责，积极培育合规文化，加快推进合规管理信息化建设，健全和完善企业合规管理制度体系。在企业合规管理工作推进过程中，电力企业自觉遵守中央和地方层面的规范性文件，从企业合规、反垄断合规、数据合规、招标采购合规、知识产权合规、劳动用工合规等方面进一步规范自身行为，坚持以“五个到位”为目标导向，努力实现管理职责到位、流程管控到位、风险防范到位、问题整改到位、要求落实到位，不断提升依法合规经营管理水平。

二、专业领域合规管理政策

合规管理是企业防控一切经营风险的基本前提，是新形势下持续健全公司治理体系，保障企业良性循环、稳健发展的迫切需要。随着更多领域的合规管理法律法规及相关政策的陆续出台，电力行业法律合规管理体系建设正在全面加强。

电力业务许可方面，2022 年 1 月 28 日，国家能源局印发《电力业务资质许可流程规范》《电力业务资质许可服务规范》《电力业务资质许可监督与评价规范》，进一步规范电力业务资质许可工作，优化电力营商环境。

电力监管方面，2022 年 1 月 28 日，国家发展改革委、国家能源局印发《国家发展改革委 国家能源局关于加快建设全国统一电力市场体系的指导意见》，强调要遵循电力市场运行规律和市场经济规律，优化电力市场总体设计，实现电力资源在全国更大范围的共享互济和优化配置，为我国电力行业开启新局面、推进全国统一电力市场建设提供了根本遵循。2022 年 3 月 21 日，国务院国资委印发《关于做好 2022 年中央企业违规经营投资责任追究工作的通知》，部署了做实违规问题线索初核工作、严肃查处重大违规问题线索等 7 项重点任务，持续深化中央企业违规经营投资责任追究工作。

电力安全生产方面，2022 年 4 月 6 日，市场监管总局、国务院国资委、国家能源局印发《市场监管总局 国务院国资委 国家能源局关于全面加强电力设备产品质量安全治理工作的指导意见》，要求全面加强电力设备产品质量安全治理。2022 年 4 月 12 日，国务院安全生产委员会印发《“十四五”国家安全生产规划》，要求强化能源结构改革新形势下的电网安全保障，提升大面积停电等事故的防范和应急处置能力。2022 年 11 月 21 日，财政部、应急管理部修订印发《企业安全生产费用提取和使用管理办法》，明确了电力生产与供应等 12 类企业安全生产费用的提取标准和支出使用范围，要求企业加强安全生产费用管理，确保按规定提取和使用企业安全生产费用。2022 年 11 月 23 日，国家能源局印发《水电站大坝运行安全应急管理办法》，明确电力企业是大坝应急管理的责任主体，要加强突发事件的预防和应急准备，强化监测预警与应急响应，做好总结评估和信息报送。2022 年 12 月 29 日，国家能源局发布《电力安全隐患治理监督管理规定》，明确了电力企业承担隐患排查治理主体责任，要求建立隐患排查治理制度，做好隐患排查、登记、治理、报告等工作。

电力发展建设方面，2022 年 1 月 25 日，住房城乡建设部发布《“十四五”建筑业发展规划》，在建筑市场信用管理、招投标、落实工程质量安全责任等方面提出了具体的发展举措。2022 年 3 月 1 日，住房城乡建设部发布《“十四五”建筑节能与绿色建筑发展规划》，提出了“到 2025 年建筑能耗中电力消费比例超过 55%”的目标。2022 年 3 月 22 日，国家发展改革委、国家能源局发布《“十四五”现代能源体系规划》，部署了增强能源供应链稳定性和安全性、加快推动能源绿色低碳转型、优化能源发展布局等 7 个方面的工作。2022 年 4 月 26 日，国家能源局印发《风电场利用率监测统计管理办法》，要求电网企业在电网规划建设和调度运行管理等方面落实有效措施，促进风电消纳；电力调度机构定期对风电场数据的准确性、合理性进行校核。2022 年 6 月 1 日，国家发展改革委等九部门发布《“十四五”可再生能源发展规划》，围绕大规模开发、存储消纳、创新驱动等方面，布局可再生能源产业高质量发展。

优化营商环境方面，2022 年 4 月 10 日，中共中央、国务院发布《中共中央 国务院关于加快建设全国统一大市场的意见》，从强化市场基础制度规则统一、推进市场设施高标准联通等 6 个方面，推进高效规范、公平竞争、充分开放的全国统一大市场建设。2022 年 6 月 2 日，市场监管总局发布《明码标价和禁止价格欺诈规定》，对经营者的标价行为提出要求，明确了明码标价规则、价格比较和价格欺诈行为认定规则。2022 年 9 月 15 日，国务院办公厅发布《国务院办公厅关于进一步优化营商环境降低市场主体制度性交易成本的意见》，提出要加强水、电等公用服务价格监管，对实现政府定价、政府指导价的服务和收费项目一律实行清单管理。

反垄断监管方面，2022 年 6 月 8 日，市场监管总局发布《中国反垄断执法年度报告（2021）》，指出反垄断执法机构要坚持将公用事业等领域的反垄断执法作为工作重点，积极查处民生领域的垄断行为。新修订的《中华人民共和国反垄断法》自2022 年 8 月 1 日起正式施行，建立健全了公平竞争审查制度，完善了纵向垄断协议认定规则，增加了“安全港”规则、经营者集中审查“停钟”制度和公益诉讼制度，明确禁止组织或帮助达成垄断协议及新型行政垄断行为，加强对平台经济领域垄断行为的规制和对重要领域经营者集中审查，健全经营者集中分类分级审查制度，大幅度增加对垄断行为的处罚力度。

网络安全与数据保护方面，2022 年 6 月 14 日，国家网信办发布新修订的《移动互联网应用程序信息服务管理规定》，明确应用程序提供者和应用程序分发平台应当履行信息内容管理主体责任，建立健全信息内容安全管理、生态治理、数据安全和个人信息保护、未成年人保护等管理制度。2022 年 7 月 7 日，国家网信办发布《数据出境安全评估办法》，规定了数据出境安全评估的范围、条件、程序和具体要求，为数据出境安全评估工作提供具体指引。2022 年 11 月 16 日，国家能源局印发《电力行业网络安全管理办法》，明确了行业部门监督管理职责和电力企业网络安全的责任及义务，完善了关键信息基础设施安全保护、网络安全等级保护等内容；同日，发布了《电力行业网络安全等级保护管理办法》，提出了安全保护等级定级评审、等级保护测评、密码保护等要求，对电力行业网络安全保障能力和水平提出更高要求。

环境保护方面，2022 年 1 月 30 日，国家发展改革委、国家能源局印发《国家发展改革委 国家能源局关于完善能源绿色低碳转型体制机制和政策措施的意见》，提出要完善可再生能源电力消纳保障机制等 10 个方面的措施要求。2022 年 8 月 3 日，国务院国资委发布《中央企业节约能源与生态环境保护监督管理办法》，明确了中央企业开展节约能源与生态环境保护工作的基本原则、基本要求、组织管理、统计监测与报告、突发环境事件应急管理、考核与奖惩的要求，要求中央企业要落实主体责任，建立健全节约能源与生态环境保护领导机构，设置或明确监督管理机构等。

招标采购方面，2022 年 7 月 15 日，上海市国有资产监督管理委员会印发《上海市国资委监管企业合规管理系列指南（2022 版）》，包括招标投标、劳务分包、物资采购、关联交易 4 篇，由合规管理制度模板及问答部分组成。制度模板为企业建立健全相关业务合规管理制度提供框架性参考，企业可依据模板确立的原则和框架，根据自身所处行业，再结合业务流程，制定相应的管理制度；问答部分针对企业在相关业务开展过程中的常见问题、主要风险、防范要点及注意事项，提供了实务操作建议。

知识产权保护方面，2022 年 1 月 24 日，国家知识产权局印发《国家知识产权局知识产权信用管理规定》，将不以保护创新为目的的非正常专利申请行为、恶意商标注册申请行为、提交虚假材料或隐瞒重要事实申请行政确认的行为等列为失信行为。2022 年 4 月 22 日，国家知识产权局发布《企业知识产权保护指南》，为企业实施知识产权风险防控、高效应对纠纷等工作提供策略建议。2022 年 4 月 25 日，最高人民法院、国家知识产权局发布《最高人民法院 国家知识产权局关于强化知识产权协同保护的意见》，就整合知识产权行政保护和司法资源保护，完善行政执法和司法衔接机制，强化协同保护力度，优化协作配合机制等提出具体要求。2022 年颁布的合规管理主要政策文件见表 2－1。

表 2－1　2022 年颁布的合规管理主要政策文件

领域	国家层面	地方层面
企业合规	《中央企业合规管理办法》 《涉案企业合规建设、评估和审查办法（试行）》 …	《海南省属企业合规管理办法》 《上海市国资委监管企业合规管理办法》 《黑龙江省国资委出资企业合规管理实施办法（试行）》 《江西省国资委出资监管企业合规管理办法（试行）》 《湖南省省属监管企业合规管理指引（试行）》 《洛阳市国资委监管企业合规管理办法》 《淄博市市属国有企业合规管理指引（试行）》 《湖州市市属企业合规管理指引（试行）》 《芜湖市市属企业合规管理指引（试行）》 …
反垄断合规	《中华人民共和国反垄断法》 …	《内蒙古自治区公用企业反垄断合规指引》 《山西省经营者反垄断合规指引》 《上海市经营者集中申报指引》 …
数据合规	《网络安全审查办法（修订版）》 《数据出境安全评估办法》 …	《企业数据合规指引》 …
招标采购合规		《上海市国资委监管企业招标投标合规管理指南（2022 版）》 《上海市国资委监管企业物资采购合规管理指南（2022 版）》 《上海市国资委监管企业关联交易合规管理指南（2022 版）》 …

续表

领域	国家层面	地方层面
知识产权合规		广东省发布的《企业知识产权国际合规管理规范》 …
劳动用工合规		《上海市国资委监管企业劳务分包合规管理指南（2022版）》 《长三角地区劳务派遣合规用工指引》 《陕西省工程建设领域劳动用工合规指导手册》 《威海市劳务派遣合规用工指引》 …

第四节　电力行业监管形势

随着能源电力领域立法进程的加快推进，《中华人民共和国反垄断法》的修订实施，《电力市场运营业务监管指引》《电力现货市场监测和市场主体异常行为认定指引》等文件的陆续出台，市场监管总局、审计署、国家能源局等机构持续加大对能源电力行业的监督管理力度，并围绕公平竞争、资本监管、资产运营、营商环境建设等提出了更高标准和更严要求。电力行业接受的监管更加普遍、频繁且严格。

监管主体范围不断扩大。最高人民检察院等九部门发布的《关于建立涉案企业合规第三方监督评估机制的指导意见（试行）》（以下简称《意见》）指出，最高人民检察院、国务院国资委、财政部等九部门组建第三方机制管委会，全国工商联负责承担管委会的日常工作，国务院国资委、财政部负责承担管委会中涉及国有企业的日常工作，明确相关行业协会、商会、机构等在企业合规领域的业务指导。从中可以看出，《意见》突破了传统的由业务主管部门监管的界限，扩大了对行业监管主体的范围，标志着企业合规工作要全面适应多国家机构联合监管的大格局。

监管方式更加多元。传统的电力行业监管主要依托能源监管部门监管（如12398能源监管热线），以及地方电力主管部门监管。近年来，国家发展改革委、国家能源局进一步完善能源监管制度体系，确定了规划实施、煤层气开发利用、清洁供暖等18项重点监管任务，强化监管责任，规范监管流程，确保重大政策项目落实落地。

相关部门持续推进电力价格与成本监管，创新“互联网＋监管”模式，建设电力价格与成本监管平台，提高监管智能化水平；推进电力、油气等自然垄断环节公平开放监管，有效促进能源市场平稳有序运行；开展电力业务资质许可信用专项监管，进一步强化企业持证经营意识，维护电力市场准入秩序；加强对数字经济领域的监管，逐步实现运用互联网大数据对电力行业监管。

2021 年 7 月 30 日，市场监管总局、财政部联合印发《市场监管领域重大违法行为举报奖励暂行办法》，自 2021 年 12 月 1 日起施行。该办法扩大了举报奖励的范围，鼓励社会公众积极举报市场监管领域的重大违法行为，推动社会共治。谷歌公司、宝武集团等国内外合规风险事件表明，合规举报是打击具有领先优势竞争对手的有力武器，大型企业、竞争中快速发展的企业、市场化用工程度高的企业被合规举报的可能性不断加大，电力企业尤其要居安思危、防微杜渐，筑牢合规根基，经得起监管者、合作伙伴、竞争者、员工和传媒的审视监督。

监管领域不断拓宽。电力行业监管的重点领域包括市场交易、安全环保、产品质量、劳动用工、财务税收、知识产权、商业伙伴等。但从近年来因违规行为被处罚的事件可以看出，境内外同时呈现合规管控范围拓宽、处罚力度加大的趋势，反海外腐败、反垄断、反不正当竞争、反洗钱、反数据滥用等领域案件多发且处罚力度大，属法律合规风险重点领域，这也标志着合规管理的重点领域开始从传统领域向新兴领域延伸。

2022 年，韩国公正交易委员会认定现代商船、长荣海运、中远海运等 23 家海运企业涉嫌串通上调韩国至东南亚航线最低运费，对其处罚合计 962 亿韩元（约 5. 12 亿元）；苹果公司因未按照要求对约会软件开放第三方支付系统被累计处罚 1500 万欧元；比利时 4 家香烟制造商因交换商业敏感信息限制竞争，被罚款合计 3600 万欧元；绍兴上虞供水公司、柯桥供水公司因滥用市场支配地位被罚没款合计 3342 万元；宁夏长燃天然气公司因无正当理由搭售行为被罚没款 111 万元；南京中燃城市燃气发展有限公司因滥用市场支配地位，强制开发商购买燃气具、报警器、保险等产品，被江苏省市场监管局罚款 2083. 8 万元，没收违法所得 2956. 3 万元……

电力企业必须高度重视依法合规经营，着力抓好重点领域合规风险防控，尤其是在国际合规监管日趋严格的大背景下，要特别关注各国及国际组织密集出台的反腐败、诚信合规等法规及指引，增强自身的合规管理能力，完善合规管理制度，推动合规管理工作走深走实，真正发挥合规规范管理、防控风险、支撑保障的重要作用。

第三章　电力行业法治合规工作体系

“法者，天下之准绳也。”电力企业全面贯彻习近平法治思想和党的二十大战略部署，认真落实《法治中国建设规划（2020—2025年）》《法治社会建设实施纲要（2020—2025年）》《关于进一步深化法治央企建设的意见》《中央企业合规管理办法》等要求，不断创新和深化法治合规工作体系，着力健全领导责任体系、依法治理体系、规章制度体系、合规管理体系、工作组织体系，逐渐优化管理机制，圆满完成“合规管理强化年”行动，有效发挥“三道防线”作用，显著提升依法合规经营水平。

第一节　领导责任体系

推进全面依法治企，必须紧紧抓住领导干部这个“关键少数”，推动领导干部带头尊崇法治、敬畏法律、厉行法治、依法办事，不断提高运用法治思维和法治方式深化改革、推动发展、化解矛盾、维护稳定和防控风险的能力。电力企业将加强法治合规建设作为“一把手”工程，普遍建立由主要负责同志牵头的组织领导机构，发挥领导干部在法治企业建设中的示范引领作用，为推进全面依法治企提供坚强的组织保障。

一、党委（党组）对法治合规工作的全面领导

党的领导是中国特色社会主义法治之魂，是全面依法治企的根本保证。电力企业以习近平法治思想指导法治建设，健全党委（党组）领导依法治企工作的制度，发挥依法治企工作领导小组作用，及时研究解决法治建设重大问题，进一步加强党对法治建设的统一领导、统一部署、统筹协调，把党的领导贯彻落实到全面依法治企的全过程和各方面。部分电力企业党委（党组）领导法治合规工作的基本情况如下：

国家电网有限公司党组为加强党对法治工作的全面领导，印发《关于进一步深化法治国网建设的意见》，指明了“十四五”期间法治国网的建设方向和路径。2022年，公司主要负责人对法治建设、合规管理、法律风险防范、案件管理、授权管理、打击假冒国企专项行动等作出批示96次。各二级单位党委累计研究法治专题278项，

董事会专题研究法治建设工作121项，主要负责人对法治工作专题部署805次。二级单位中，55家建立党组织专题学法机制，56家建立党组织定期听取法治工作汇报机制，47家建立“书记讲法”机制，各级单位累计开展“书记讲法”6350次。

国家能源投资集团有限责任公司把学习习近平法治思想、强化合规经营理念纳入党委（党组）理论学习中心组集体学习，以制度形式规定各子/分公司每年至少专题学习1次。2022年，集团和子/分公司党组（党委）中心组集体学法153次；将法治合规要求作为领导干部培训班的必备内容，在集团组织的落实年度生产经营重点任务系列专题培训班中开设2门合规课程，共培训集团公司党组管理干部198人次。

中国核工业集团有限公司党组成立法治中核建设工作领导小组，领导推进法治建设。集团党组、董事会坚持对法治建设重点工作研究部署，先后组织党组理论学习中心组读书班专题学习研讨习近平法治思想，审定发布《全面推进法治中核建设指导意见》《合规管理体系建设方案》等重要顶层设计文件，领导制定“法治中核‘十三五’‘十四五’”“七五”普法和“八五”普法等多个专项规划，定期听取法治建设进展情况报告。

中国广核集团有限公司党委常态化组织开展“第一议题”学习，在集团公司党委的带领下，各成员公司把学习习近平法治思想作为党委理论学习中心组集体学习、管理人员集中培训重要内容，积极组织开展专题学习，有效提升了领导干部这一“关键少数”的法治合规意识。

中国电力国际有限公司党委扎实运用“学研创落”工作法，制定及贯彻落实相关措施和行动29项，并按时间节点全面推进；落实国务院国资委和集团公司国企改革3年行动工作部署，28项任务已全部完成；围绕推动“4个转型”，构筑“新跑道”，提升“新价值”，组织开展“‘十四五’规划”“综合智慧能源发展趋势”等专题研讨，将学习成果转化为推进企业国际化高质量发展的具体举措。

二、董事会定战略、作决策、防风险的职能发挥

电力企业全面加强了董事会建设，强化了董事会定战略、作决策、防风险的职能。一方面明确董事会各专门委员会推进法治企业建设的职责，把法治建设、合规管理纳入整体工作统筹谋划，将进展情况作为年度工作报告的重要内容；另一方面不断完善董事会的工作体系和工作流程，推动企业治理体系和治理能力现代化。部分电力企业加强董事会建设的主要举措如下：

中国南方电网有限责任公司升级治理主体权责清单，明确董事会专门委员会咨询程序和职代会民主程序，固化控股上市公司规范管控要求，新增重大涉法事项判断，事项清单一目了然。印发出资企业董事会建设运行指导文件，形成覆盖子企业

董事会设立、运行、保障、评价的“1 + N”制度体系。落实董事会职权到位标准成为央企范例，董事会应建尽建等3项考核满分。

中国华电集团有限公司在全系统内开展了完善公司治理的专项行动，着力构建中国特色法人治理体系、管控体系和制度体系，强化数字赋能，加快实现公司治理体系和治理能力现代化。加强子企业董事会建设和规范运行，指导新成立公司按要求建立董事会，动态调整完善子企业董事会应建尽建、外部董事占多数清单，推动各级子企业进一步完善董事会工作体系、规范工作流程、提升管理水平。中国华电及所属华电江苏能源有限公司入选国资委公司治理示范企业。

内蒙古电力（集团）有限责任公司充分发挥董事会推进法治企业建设职能，公司董事会审计与风险委员会统筹谋划、部署公司系统法治企业建设整体工作。各层级企业董事会将企业法治建设作为防控企业各类风险的重要措施，通过持续深入推进法治企业建设各项重点工作，全面提升风险防控能力。

三、经理层有效落实合规管理的各项要求

经理层是在董事会的授权下，执行董事会的战略决策、实现董事会制定的企业经营目标的治理主体。电力企业充分发挥经理层谋经营、抓落实、强管理的作用，一方面厘清经理层与其他治理主体的权责界限，将法治合规工作要求融入公司各项经营管理，另一方面贯彻市场化经营机制，推进经理人改革，充分调动经理层的积极性和主动性。部分电力企业充分发挥经理层落实合规管理各项要求的情况如下：

中国南方电网有限责任公司以“两个适度”确保党委总揽不包揽、到位不越位，充分发挥经理层的管理决策作用。一是推行党委成员和经理层适度交叉。科学配置党委和经理层成员，避免高度重叠，确保发挥各自功能作用。根据经营规模、供电范围等统筹确定党委书记和总经理是否分设，分设的则明确党委书记为“一把手”并担任副总经理，党员总经理担任党委副书记。二是推行党委领导作用与支持经理层依法行权履职适度平衡，重大经营管理事项经党委前置研究讨论后由经理层以集体形式决定。公司经营方针、年度计划预算、经理层任期制契约化管理的重大事项等由总公司决定。同时将内部监督控制相关权责事项决策权赋予党委，增强党委对经理层的监督制约，充分发挥党委把方向、管大局、促落实的作用以及经理层谋经营、抓落实、强管理作用。

中国长江三峡集团有限公司推进职业经理人改革，试点实施职业经理人制度，以经理层成员选聘、业绩考核、薪酬管理为抓手，通过建立超额业绩提成、递延支付、薪酬扣减等多种机制健全对经理层的激励约束，实现对经理层的考核指标量化与压力传导，有效增强经理层的积极性与主动性，助推公司业绩快速发展。

四、法治建设“第一责任人”工作机制

电力企业全面落实《中央企业主要负责人履行推进法治建设第一责任人职责规定》，党委（党组）书记、董事长、总经理深入贯彻党中央关于法治建设的重大决策部署，切实履行依法治企重要组织者、推动者和实践者的职责，把各项工作纳入法治化轨道，并将“第一责任人”的职责要求向子企业延伸，把落实情况纳入领导人员综合考核评价体系，扎实推动法治建设走深走实。

（一）主要负责人要履行“第一责任人”的职责

各电力企业的党委（党组）书记、董事长、总经理作为推进法治建设的第一责任人，把法治建设纳入全局工作统筹谋划，认真履行“六项主要职责”，定期召开专题会议部署法治合规工作，参与并协调重点环节和重大问题，督促各级领导及负责人依法履职，自觉运用法治思维和法治方式推动企业改革、推动发展。部分电力企业主要负责人履行职责情况如下：

中国南方电网有限责任公司各级单位主要负责人切实掌握职责内容、具体要求，当好依法治企的重要组织者、推动者和实践者，切实履行法治建设“第一责任人”职责。充分发挥党委的领导核心作用，督促领导班子成员和下级企业主要负责人依法履职，提高各项法规和制度的执行力，将全局工作纳入法治化轨道。

中国大唐集团有限公司主要负责人认真履行法治建设“第一责任人”职责，每月主持召开综合治理专题会议部署依法合规工作，在集团公司总经理办公会、党组会以及各专业会议上，逢会必讲依法合规经营工作，全面提升了系统各企业法治合规意识。

中国长江三峡集团有限公司及各子公司均设立了由主要负责人任组长的法治建设领导小组，制定了法治建设“第一责任人”职责实施办法，各级主要负责人对法治建设重要工作亲自部署、重大问题亲自过问、重点环节亲自协调、重要任务亲自督办，实现了子公司法治建设“第一责任人”职责落实、现场督促检查全覆盖。

中国电气装备集团有限公司制定《企业主要负责人推进法治建设工作实施办法》，明确集团法律管控模式与原则，着力推动主要负责人切实履行法治建设职责。

（二）落实情况要纳入领导人员综合考核评价体系

电力企业把法治素养和依法履职情况纳入考核评价干部的重要内容，把述法纳入年度领导班子和领导干部考核述职内容，同时将依法办事和法治理念纳入选拔任用领导人员的基本原则，让尊法、信法、守法、用法、护法成为领导干部的自觉行为和必备素质。部分电力企业将法治建设纳入领导人员综合考核评价体系的基本情

况如下：

国家电网有限公司强化并推进领导干部学法用法机制创新，48 家二级单位建立“干部任前法治谈话”机制，49 家二级单位建立“干部述职必述法”机制，47 家二级单位把第一责任人职责落实情况纳入领导人员综合考核评价体系，59 家二级单位将法治素养和依法履职情况作为考察、聘任领导人员的重要内容。

国家电力投资集团有限公司进一步强化法治建设考核和总法律顾问述职评价，在法治建设考核方面，加强日常工作考核，重点考核各单位首席合规官配置、项目风险评估报告和法律意见书质量、合规内控评价报告质量、案件压控及违反“零容忍”清单情况。做好二级单位总法律顾问年度述职评价工作，加强总法律顾问队伍管理，确保总法律顾问履职到位。

中国长江三峡集团有限公司将依法依规办事和法治理念纳入领导人员选拔任用的基本原则和条件，加强对领导人员依法办事能力成效考察，突出各级领导人员对法治三峡建设的引领带动作用。

内蒙古电力（集团）有限责任公司将健全及完善对各级企业主要负责人法治建设“第一责任人”职责考核机制，把落实情况纳入领导人员综合评价体系，形成上下统一、步调一致的法治企业建设领导体系。

第二节　依法治理体系

电力企业认真落实“两个一以贯之”的要求，立足于在完善公司治理中加强党的领导，切实发挥党组织把方向、管大局、促落实的领导核心作用。构建党委（党组）会确定大政方针、董事会谋划战略布局、经理层负责具体实施的分工协调的治理机制，形成权责清晰、运转高效的法人治理结构。持续深化中国特色现代企业制度建设，彰显法治合规工作的规范引领保障作用。持续提升组织运行效率和管理水平，实现公司治理的制度化、规范化、程序化。

一、把加强党的领导和完善公司治理相统一

电力企业进一步把加强党的领导和完善公司治理统一起来，健全及完善党组织设置和各类议事规则，通过落实相关法律法规、构建公司治理制度，推动完善“双向进入、交叉任职”领导体制，明确党组织在企业决策、执行、监督各环节的权责和工作方式，实现党的领导的制度化、规范化。建立健全“一岗双责”机制，坚持党委（党组）会成员与公司董事会、监事会、经理层成员实行“双向进入，交叉任职”的基本领导原则，使党委（党组）的意见及主张通过进入经营班子和董事会的

党员干部得以及时、充分表达，将党组织把方向、管大局、促落实的作用落到实处。实践中，各电力企业根据企业自身治理结构特点，对党组织在公司治理过程中的角色和工作方式予以不同设计，通过确立明确的制度内容和程序规则充分发挥党组织在企业决策、执行、监督过程中的领导作用。部分电力企业将党的领导融入公司治理的制度设计和举措如下：

中国南方电网有限责任公司坚持顶层设计和基层首创相结合，以“股东会、党委、董事会、经理层、监事会”标准治理结构为基准，聚焦“子公司和分公司、党委和党支部、董事会和执行董事、上市公司和非上市公司”4种区别，细分不同治理结构（7种结构）、不同产权关系（全资和控股）、不同法人层级（覆盖到四级单位）、不同业务板块（管制和非管制）的治理需求，形成涵盖公司章程、各治理主体权责清单和议事规则等“1+N”治理文件范本，确保党的全面领导在制度上有规定、程序上有保障、实践中有落实。

中国长江三峡集团有限公司落实党组织在公司治理中的法定地位，制定在完善公司治理中加强党的领导实施方案等文件，发布全集团通用的党建入章参考范本，研究出台所属单位“三重一大”实施办法、党委议事决策、新设单位决策、法人党支部研究把关生产经营事项、非法人单位“三重一大”和党委议事决策指导意见等基本规范，分层分类明确党组织在机构设置、职责权限、运行机制、基础保障等方面的具体要求，党组织的企业法定地位和落实路径更加规范化、具象化。

广西电网有限责任公司聚焦所属分公司党组织领导班子成员和经理层成员高度重叠等突出问题，选取多家试点单位先行先试、积极探索，通过“一张清单”（分公司治理主体权责清单）重塑党组织与经理层权责界面，推动分公司党组织和经理层权责划分“适度平衡”；通过扩大总经理办公会议决策人员范围等路径推动党组织领导班子成员和经理层成员“适度交叉”；在党组织会议和总经理办公会议上，探索从汇报人、汇报内容等方面做出差异化安排，推动会议机制“适度差异”，实现党组织“把方向、管大局、促落实”和经理层“谋经营、抓落实、强管理”的有机统一。

国网江苏综合能源服务有限公司坚持把建立党的组织、开展党的工作作为深化改革的必要前提，在混改企业中积极探索有别于国有独资、全资企业的全面加强党的领导与完善公司治理的途径与方式，促进形成规范高效、权责清晰、有效制衡的现代企业治理体系。

二、公司治理结构和体系

电力企业不断提高公司治理的制度化、程序化、规范化、法治化水平，持续优化法人内部治理机制，建立健全权责法定、权责透明、协调运转、有效制衡的公司治理结构，实现了党组织把方向行稳致远、董事会做决策科学合理、经理层抓落实高效有力的格局，筑牢企业发展的法治根基纵深走实。

全面加强董事会规范化建设。各电力企业紧紧围绕“定战略、作决策、防风险”的功能定位，不断完善董事会及专门委员会议事规则、董事会授权管理制度、董事会议案管理办法、董事会秘书工作规则等基本制度。借助选优配强董事会成员、厘清权责明确流程、分类落实董事会职权、建立健全董事会评价体系等，实现了董事会规范化建设和高效运行。

充分发挥监事会监督作用。各电力企业配齐、配强各级子企业监事，逐步提高专职监事比例，建立健全监事会议事规则，从制度上明确监事会议事范围，改进监督工作方法，增强监督的权威性和有效性。同时，加强党内监督和内部审计监督，构建“大监督”格局，增强监督合力，建立与中国特色现代企业制度相适应的监督体系。

有力激发经理层活力。各电力企业紧紧抓住经理层成员任期制和契约化管理这个“牛鼻子”，持续深化三项制度改革，探索构建“市场化选聘、契约化管理、差异化薪酬、市场化退出”机制，推动各级管理人员“能下、能出、能减”，充分激发经理层成员的积极性和主动性，有力增强企业发展活力、内生动力和市场竞争力。

三、授权行权机制

电力企业结合战略目标优化管控模式，健全以法人治理授权和管理授权为核心的授权管理体系，主动服务国有资本授权经营体制改革和“放管服”改革成效落地。制定授权管理办法，完善授权管理机制，规范授权行为、授权方式和授权程序，构建授权行权的规范运行机制，在实践中不断丰富“前置不授权”“授权不前置”“授权不受责”等授权管理机制。主动对接公司治理结构，组织编制授权清单，明确授权依据，厘清授权主体权责归属。在合理运用差别放权、精准放权、明确不可授权事项等机制的基础上，电力企业逐步加大授权放权力度，进一步激发了子公司和直属单位的活力。部分电力企业授权行权机制的设计和运行情况如下：

国家电网有限公司制定《董事会授权决策管理办法》《“三重一大”事项决策权责清单》《公司党委前置研究讨论重大经营管理事项清单》，进一步规范授权行权方式和行为，优化总部权责事项清单、授权放权清单，建立授权放权长效机制。

中国南方电网有限责任公司基于“集团是否应该”“出资企业是否需要”“总部是否有能力”3 个视角，选取“战略地位”“产权关系”等 6 个指标，构建精准授权评估模型，将 26 家出资企业的授权类型分为 4 类。同时，修订《公司法人层级权责清单》，加大授放权力度。总部审核审批事项由 270 项压缩至 128 项，下放权责事项

142 项，放权比例达到 53%，有效激发了子企业的活力。

中国华电集团有限公司优化总部“抓总”、区域“做实”、基层“强基”三级管控模式，厘清总部与直属单位权责界面，深化“放管服”改革，分级分类授权放权。适应风光电高质量发展要求，健全及完善管控机制，厘清 6 类 33 个小项投资项目权责清单，对风光电项目投资决策实行差别授权，缩短决策流程，提高管控时效。围绕提升自主创新能力，完善科技创新激励保障机制，扩大奖励范围、提高奖励力度，授予科技创新领军人才更大技术路线决定权和研发经费使用权，针对“揭榜挂帅”项目实行研发资金“包干制”。加大对改革专项工程授权力度，制定印发《“双百企业”“科改示范企业”授权放权清单》，在项目投资、工程建设、机构设置、薪酬分配、用工管理等方面进行精准授权放权。

中国长江电力股份有限公司制定了《董事会授权管理制度》，规定了董事会的授权范围、授权基本程序和授权管理责任等核心内容，明确了 22 项不可授权事项。结合新能源业务拓展需要，“一企一策”制定了《三峡电能特别授权清单》，持续推进完善授权管理体系。实施重庆混合所有制上市公司差异化管控，改革授权经营体系，从“管企业”转向“管资本”，并积极探索混合所有制企业负面清单管控方式。

四、“三重一大”决策机制

电力企业严格执行相关议事规定，落实党委（组）研究讨论前置程序。完善重大决策执行督察督办制度，强化决策执行管控。全面实施重大决策合法合规性审核制度，持续优化审核工作机制，强化应审必审和违规追责，重大决策合法合规性审核把关率达到 100%。推动法律部门全程参与决策议题的起草、征求意见、专家论证、集体讨论、决策执行等各环节，落实总法律顾问在合法合规性审核中的牵头组织职责，充分发挥总法律顾问专业引领和法律顾问专业把关作用，确保重大改革于法有据、有序推进。健全重大决策合法合规性审核成效后评估制度，建立审核反馈机制，跟踪分析审核意见落实情况，不断提升法律合规论证与风险把关工作质效。部分电力企业重大决策机制的建立与运行情况如下：

中国南方电网有限责任公司印发《“三重一大”决策管理规定》，明确党组前置研究讨论时重点研判“4 个是否”，即决策事项是否符合党的理论和路线方针政策，是否贯彻党中央决策部署和落实国家发展战略，是否有利于促进公司高质量发展、增强公司竞争实力、实现国有资产保值增值，是否有利于维护社会公众利益和职工群众合法权益。

广东省能源集团有限公司持续优化和调整企业“三重一大”事项决策管理模式，

结合党委研究讨论、研究决定事项清单，及时修订相关制度清单，厘清党委会、股东会、董事会、经理层的职责边界和决策程序，不断优化各级治理主体权责界面，提高公司治理及两会运作的效率和效能。采用总法律顾问列席总经理办公会、董事会的方式，确保提交审议的重大经营决策均经过法律审核论证，形成了企业主要负责人统一领导、总法律顾问分工负责、法务工作部门组织协调、法务工作人员具体操办、相关业务部门协同联动、外聘律师有效支撑的六位一体工作机制，充分发挥法律审核把关作用。

国网新源控股有限公司将健全及完善重大决策合法合规性审核机制作为推进依法决策、建设法治企业的重要内容，通过强化横向沟通，将法律审核嵌入决策事项签报流程；深化纵向指导，本部对基层单位加强指导，建立多维度协同审核工作机制，提高了法律审核的质量与效率。

第三节　规章制度体系

规章制度是企业经营活动中必须遵守的企业内部行为规范，电力企业坚持以公司章程为核心，有力拓展“1 + N”现代企业规章制度体系，努力探索合规管理体系的新机制、新路径、新局面，加快提升依法合规经营管理水平。

一、规章制度的建设

电力企业严格落实“两个一以贯之”的要求，围绕中国特色现代企业制度这一主线，从加强党的领导、完善公司法人治理结构等方面，加快构建与中国特色现代企业治理体系相适应的规章制度体系，不断夯实企业良法善治的基础。部分电力企业规章制度的建设情况如下：

国家电网有限公司严格落实新型制度体系的合规要求，推动风险、流程、授权、合规要求、制度建设全面融入业务管理，确保制度体系更加完备严谨、内控执行更加严格有效。按照应审必审原则，实现了业务和法律部门对所有规章制度双重合法合规审核。密切关注国家法律法规、监管政策等外部法治环境，围绕公司战略和改革发展方向，科学制定实施“立改废”工作计划，动态开展制度的滚动修订，有效填补新业态、新模式、新业务的相关管理制度空缺，确保制度体系的全面覆盖、上下贯通、有效运行。

中国南方电网有限责任公司坚持“一张表设计”，按照“制度进表、权力进表、需求进表”的设计思路，搭建治理主体权责清单的体系框架。为确保治理主体权责清单符合政策法规要求，全面汇编73部党内法规、法律法规和中央部委文件，结合在完善公司治理中“加强党的领导”相关政策文件中的新提法、新要求，与现行制度逐条比对，梳理差异点227项，确保法定权责应增尽增、应改尽改。梳理公司总部291份制度，提取制度中需要公司治理主体决策的事项88项，分析近年来权责清单实际运行情况，确保权责事项全部进清单。

国家能源投资集团有限责任公司高度重视企业规章制度体系建设和规范化管理，为实现“外规内化”，一是持续推动制度体系优化升级，2020年总部机关化改革后，结合集团公司管控实际，分层分类搭建“集团公司规章制度体系框架”，建成了纵向分三个层级，横向包括公司治理、组织人事、战略发展、财务资本等7类29个专业构成的制度体系；2021—2022年，结合集团“十四五”规划、国企改革三年行动等重点任务，动态“立改废”制度120余项，实现制度体系的全面升级换代。二是密切跟踪相关立法动态，在各层级企业规范落实“三部门审核”“三环节把关”工作机制，将法律法规和外部监管要求内化为企业内部管理要求，推动制度管理机制更加成熟定型、制度体系更加顺畅有效。

中国电气装备集团有限公司强化顶层设计，以全面覆盖、纵向贯通为原则高标准推进制度体系建设，制定《总部三层制度体系建设方案》，努力推动制度管理体系化、规范化、标准化。根据制度与上位法规的相关度和规定的颗粒度，将制度划分为基本制度、职能制度、操作规范三个层级，逐层细化管理要求。根据制度的主要内容，将制度划分为公司治理、战略管理、经营管理、保障支撑、党建管理5个类别，逐个细化制度分类。根据制度的效用，将5类制度定位为把方向、守底线，明战略、定目标，配资源、聚合力，强基础、做支撑，凝人心、鼓动力等功能，向上积极承接合规监管要求、向下有效融合现有管理活动、中间突出总部核心职能和管控重点，初步构建起以公司章程为基础，以“三重一大”决策制度实施办法为载体，以各治理主体议事规则为主要支撑的“三层”制度体系。

国网山东省电力公司修编《“三重一大”决策管理办法》《董事会议事规则》等12项制度，完善10家子企业章程，印发《新型规章制度体系优化建设实施方案》，制（修）订《山东电力交易中心有限公司电力中长期市场运营管理办法》《国网山东省电力公司负债管理办法》《国网山东省电力公司担保管理办法》等55项制度，及时将法律法规及监管规定内化为企业内部管理要求，确保规章制度体系建设依法合规。

中国华电集团有限公司：创新构建“三横三纵”现代企业制度体系

中国华电集团有限公司研究探索出一条符合企业实际的中国特色现代企业制度体系的构建路径，实现了制度体系的科学构建和有效运行，推动制度优势更好地转化为治理效能。

一是构建“三横三纵”现代企业制度框架体系，使制度体系更加科学完备、务实管用。制定《现代化制度体系建设三年实施计划》，明确了“系统完备、科学规范、内容简明、运行有效”的建设目标，确立了制度建设“一体系、一张网”的工作任务（“一体系”即全集团协同一致的制度管理框架体系，“一张网”即全集团上下贯通的制度信息化管理网）。成立制度管理委员会，明确了人员组成和职责分工，负责统筹制度管理工作。制定了《规章制度管理办法》，将其作为制度管理的总纲，重点加强对制度从立项、起草、审核、发布、宣传贯彻、执行监督、清理优化到后评估的全生命周期管理，实现了制度管理有章可循、有据可依。创新构建“三横三纵”现代企业制度框架体系，“三横”由4个一级业务领域、29个二级业务领域、123个三级业务领域构成，如图3－1所示；“三纵”由基本制度、专项制度和实施细则构成，形成了“制度业务领域框架图”和“制度层级树状图”。

一级业务领域	二级业务领域	三级业务领域		
战略决策	公司治理	治理结构及决策机构	投资者关系管理	“三会”管理
	战略管理	规划管理	统计管理	发展研究
	投资管理	投资支持	前期管理	投资计划管理
	…	…	…	…
业务管理	发电技术管理	生产准备	运行管理	节能管理
	发电材料管理	燃料采购管理	燃料物流管理	厂内燃料管理
	煤业管理	煤矿安全生产管理	煤矿工程管理	煤业管理支持
	…	…	…	…
保障支持	综合办公	文秘管理	会务管理	保密管理
	人力资源管理	劳动组织	人才开发	薪酬组织
	财务管理	预算管理	税务管理	核算与会计管理
	…	…	…	…
企业党建	干部人事管理	干部管理	干部监督	总部人事管理
	党建工作	党建管理	企业文化	新闻宣传
	纪检监察	廉政建设	执纪审查	纪检监察支持
	…	…	…	…

图3－1　中国华电集团有限公司“三横”制度业务领域框架图

二是创新“三表一流程”审核机制，使制度审核质量和效率不断提高。建立以制度委员会为平台的制度统一审核工作机制，配套制定“三表一流程”，即起草部门制度征求意见及合规审查表、制度委员会办公室预审表、制度委员会审核表及制度审核工作程序。严把制度审核关，实现了“三个100%”，即所有制度都经过制度委员会办公室预审、所有制度都提交制度委员会审核、所有制度都统一编“制”字文号，同时通过抓好制度“三控”，即控总数、控条文、控字数，制度总量大幅压减，新制度条文更加精简，制度质量明显提高。在优化完善“三横三纵”制度框架体系的基础上，加快构建各专业领域制度子体系建设，先后整合形成“1 + 12”应急管理制度体系、“1 + 9 + X”电力生产制度体系、“1 + 10”基建管理制度体系、“1 + 6 + X”环保管理制度体系、“1 + 7”审计管理制度体系等。

三是建立制度信息化网，实现制度上下贯通、协同管控。制定《制度信息化管理系统建设实施方案》，明确“先横向部署到位，再纵向互联互通”两步走的实施路径，加快推进制度信息化系统建设。按照现代企业制度体系的先进理念，设计开发了协同管控、制度制定、制度管理导图等 11 个系统模块，加强制度建设的全生命周期信息化管理。制度信息化系统全面上线运行后，实现了制度管理上下贯通、协同管控、多维查询、数据分析等功能，形成了覆盖全系统统一的制度信息化管理网，制度现代化管理水平进一步提升。

二、规章制度的完善

电力企业围绕公司战略和改革发展方向，持续关注国家法律法规、监管政策等外部法治环境，匹配业务发展需要，科学制定实施“立改废”工作计划，系统梳理制度问题短板，优化制度结构和内容。强化制度分层分类管理，厘清权责边界，固化管控流程，明确规范要求，有效填补新业态、新模式、新业务的相关管理制度空缺，确保制度体系全面覆盖、上下贯通、有效运行。部分电力企业规章制度的完善情况如下：

中国大唐集团有限公司“自下而上”开展流程梳理，明确整改事项。借助分解部门承担职能，全面梳理总部部门之间、部门内处室之间横向管理流程以及总部与分/子公司之间纵向管理流程，开展流程梳理，精简冗余节点，消除重复无效流程，明晰跨部门接口，“自下而上”地提出管理流程整改事项。经与各部门多次双向沟通确认，形成最终的流程和制度整改计划，并持续推动开展流程同步整改，管理流程初步理顺、制度体系进一步健全。

国家电力投资集团有限公司围绕制度是否健全完善、制度是否得到执行、制度是否有效，全面梳理现有制度体系情况，结合历史上检查出来的制度执行问题，深入分析有关问题的具体原因，提出加强制度建设的思路及措施，推进制度规范运作。组织开展“靠谱用心，我问我行”质量月制度建设专题行动，围绕“制度完不完善、有不有效、执不执行”，组织总部全体干部员工问自身、查短板、定行动。开展制度建设执行情况合理化意见或建议征集活动，举办制度建设主题沙龙，总结行动成果推广应用，形成常态化工作机制。

中国长江三峡集团有限公司按照急用先行、统筹推进的原则，对 142 项制度进行局部修订，对涉及重要权责边界、重要管控流程、重要管理要求变化的187项制度进行全面修订，对弥补业务领域管理漏洞和空白的45项制度进行新编，并全面修编公司治理、规划投资、招标采购、人力资源、财务管理、工程管理、新能源业务管理等各类业务管理制度，使制度体系的全面性、适用性、可操作性不断提升，对合规管理的基础保障作用不断深化加强。

中国核工业集团有限公司：重制度、强内控，推动法治建设创新协同再深化

中国核工业集团有限公司以“强内控、防风险、促合规”为目标，以内控一体化建设为重要抓手，推动制度、内控、法务、风险、合规等“大法治”职能高效协同，为新时期的法治建设赋予了新内涵、强化了新动能。

一是夯实制度体系，推进现代企业制度建设。已形成由9大类47小类423份制度组成的呈“金字塔形”分布的制度体系；建立了以《内部控制管理规定》为统领，8项业务制度为支撑，9项专项指引为指导，内部审计及违规经营投资责任追究为抓手的“1+N”内控制度体系；以章程为核心，以“三重一大”决策制度为纽带，以董事会授权和总经理授权制度为双引擎，以党委（党组）、董事会、总经理、专门委员会和董事会秘书工作规则为支撑的“一核心一纽带双引擎五支撑”公司治理基本制度体系。

二是优化内控管理机制，促进管理效能持续提升。形成内控与制度建设融合管理的“1132”工作思路，明确以制度建设为载体，以内控评价为抓手，侧重关键环节、关键岗位、重点领域的管控，持续加强内控信息化建设、持续完善内控体系，不断增强内控体系的科学性、系统性、有效性。

三是加强对下穿透指导，深入开展内控监督评价。在内控体系建设、资金内控、境外企业管控等领域出台多份指导性文件，以“一图一领域”内控建设导图梳理14个重点领域的内控建设要点；发布《成员单位配套制度清单》，指导成员单位完善、补齐重点领域制度；编制《规章制度惩处条款编制指引》，提高制度惩处条款的规范性、科学性和可操作性；修订完善《内控评价手册》，将全部子企业纳入监督评价范围；充分运用监督评价结果，推动成员单位落实整改责任，实现“以评促建”，促进内控管理水平的全面提升。

三、规章制度的执行

电力企业加大规章制度培训宣传贯彻力度，加大监督检查和整改追责力度，将

制度执行情况纳入企业负责人业绩考核指标体系，深入开展制度执行监督检查、督导整改，注重制度执行效果评估，提高职工在制度执行中的参与度，接受职工监督，听取职工意见，做好结果反馈和改进提升，推动制度刚性落地。部分电力企业规章制度的执行情况如下：

国家能源投资集团有限责任公司按照“管一级看一级”的思路，对各子/分公司执行集团制度情况、制度管理规范性与制度体系完备性情况进行检查评估，推动各子/分公司制度体系从“有没有”“全不全”向“好不好”转变。全年各子/分公司共“立改废”制度7091项，全系统共开展制度宣传贯彻培训与执行检查896次，保障制度所涉管理机制与合规要求落地，有效提升依法合规经营水平。

国网重庆市电力公司持续开展制度问题整改专项行动，探索设定硬约束和软引导相统一的制度执行监督方式。年初发布本部、基层两级年度重点监督执行制度清单，明确执行依据、监督对象及落实举措，确保制度在各层级、对应专业刚性执行。每季（年）度组织制度执行监督考评，有效整合财务、审计、纪检、法律等内部监督力量，做好结果反馈与应用，加强责任追究与考核。常态化开展制度清理评估，从制度体系和制度条款两个层面开展专项评估，就交叉、重叠制度或制度空白等问题进行梳理与整改，切实解决制度执行中的宽、松、软等问题。

广西电网有限责任公司在重点领域选取制度执行较为薄弱的环节，开展制度执行情况专项检查，推动制度起草、巡察、审计、内控、纪检监督等部门落实制度执行“四类监督”责任，在决策部署指挥、资源力量整合、措施手段运用上形成“大监督”合力，及时纠正制度执行偏差，聚焦内外部检查发现的制度漏洞、与实际不符、制度相互之间衔接不畅等设计问题，持续优化完善专业制度内容，推动各领域业务体系与管控策略、制度体系相互协同，扎牢制度监管的笼子。

国家电投集团山西铝业有限公司：以制度建设促进治理能力的提升

国家电投集团山西铝业有限公司以优化机制和完善制度为基础、以深入排查提高执行力为抓手，紧盯重点领域，突破重点、难点问题，坚持问题导向、目标导向和结果导向，不断优化完善制度、标准，建立长效机制，提升公司合规管理能力。

1. 建立工作机制，层层落实责任。成立制度建设专门工作组，明确工作组及下设办公室的职责分工，压实责任。制定专项工作方案，明确工作内容及时间节点。召开动员启动会，并将制度建设纳入公司年度重点工作，每月督办工作进展，保障制度建设工作顺利进行。

2. 从细节入手，确保制度的制定和落地。开展全员制度查漏洞工作，不断夯实制度实用性效果，通过群策群力实现制度内容的全面性、一致性和科学性。先后制定合规管理工作手册、内部控制及内部控制评价标准等相关合规管理指导性文件，与制度建设形成联动与融合，为公司合规管理提供依据和标准；建立制度审查审批流程，增加合规人员审核环节及各审签环节合规审查要素，并嵌入信息系统中，实现制度合规审查100%。

3. 强化执行监督，形成闭环。每季度各部门各单位都要检查制度执行情况、符合性情况、缺陷情况和整改落实情况，并将检查结果形成报告由分管领导签字确认后留存。经统计近三年检查问题，制度执行情况逐年优化完善，重视程度不断加强。每年组织开展制度专项检查，发挥综合管理部、企业管理部、生产技术部、设备检修部、安全环保监察部等部门专业管理职能，针对制度、规程执行情况进行专项检查，不断强化制度刚性执行。

4. 加强宣传贯彻教育，建立长效机制。每年制定培训工作方案，以安全生产、管理业务、实际操作为出发点，分层次、分类别开展培训，采用线上学习、集中面授、读书分享、大讲堂等形式开展培训工作；同时结合生产实际特点，开展技术技能比赛、视频教学、技能鉴定、实操教学等活动，强化所学即所用，以点带面形成制度学习的燎原态势，确保培训工作有主题、有新意、见实效、促管理。

第四节　合规管理体系

电力企业以落实《中央企业合规管理办法》为主线，在深化提升、发挥作用上下真功、求实效。高质量完成“合规管理强化年”各项任务，不断完善合规管理体系，优化合规运行机制，实现“事前预防、事中控制、事后检验”的全过程合规管理，全面提升依法治企能力和合规管理水平。

一、合规管理工作体系

（一）合规管理的组织体系

电力企业充分发挥党委（党组）的领导作用，从治理层、管理层和执行层完善合规管理组织体系建设，建立了“合规管理委员会—首席合规官（合规管理负责人）—合规管理部门—合规管理员”的层级完善、职责清晰、上下协同的合规管理组织体系。截至2022年12月底，各电力央企集团总部均设置了合规管理委员会，设置了合规管理委员会的二级子企业占比如图3－2所示。

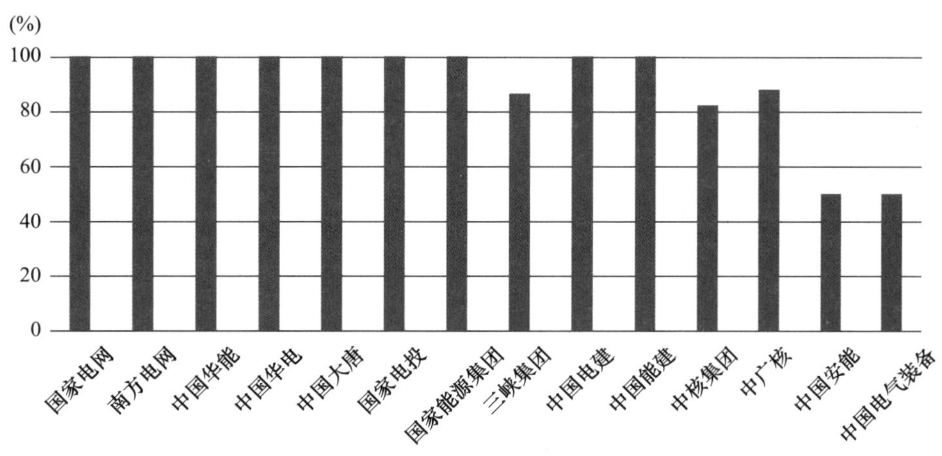

图3－2　设置合规管理委员会的二级子企业占比

（数据来源：国务院国资委）

电力企业坚持党委（党组）对法治合规工作的全面领导，完善党委定期学法、定期听取工作汇报、干部任前法治谈话等制度，切实发挥党委把方向、管大局、促落实的作用。采用制度明确公司董事会、监事会、经理层等机构在合规管理中的职责分工，党委会、董事会多频次专题研究推进合规工作。合规管理委员会充分履责，定期召开会议，集中听取情况报告，协调解决重大问题。同时，组织修订完善所属子企业章程，促进子企业完善合规管理体系。部分电力企业设立首席合规官，对企业主要负责人负责，领导合规管理部门组织开展相关工作，指导所属单位加强合规管理。

以中国华电海外资产管理有限公司建设专精特新合规管理体系为例。“专”是指其业务领域属跨国集团内部金融产业境外细分赛道，具有较强的专业性。根据这一特点，公司一方面协助集团公司建立境外资金管控体系，另一方面持续推进自身专业特色规章制度内控体系建设。“精”是指按照国际金融企业标准对风险实施精细化管控，采取多种措施全面防范金融风险，具体表现为防范信用风险、流动性风险、市场风险及操作风险等，通过定期指标检测和不定期开展隐患排查，不放过任何细小隐患。“特”是指作为驻港企业，面对香港地区本地市场化聘用员工和集团公司内部委派员工，通过打造合规文化阵地，加强合规文化教育，建设合规文化团队等形式，建立一套既符合香港地区本地法律规定又满足中央企业合规要求、既适用于香港地区本地市场化聘用员工又适应于集团公司内部委派员工的内控合规风险文化体系。“新”是指华电海资打造新颖化合规体系，通过建立“二横三纵”的合规依据，实行“五位一体”的归口管理，推动内控合规风险的一体建设，以创新性和先进性引领企业高质量发展。

中国能源建设股份有限公司：全面推进“5+2”合规体系建设

中国能源建设股份有限公司紧紧围绕集团“1466”战略（1个愿景、4个走在前列、6个一流、6个重大突破），锚定合规建设要求和目标，坚持高目标、高质量和高效率导向，精心研究部署“5+2”合规建设实施方案，实施全过程指导服务，有力促进了合规管理的落实落地，为公司提升依法合规经营水平提供了支撑和保障。

1. 围绕“146”合规建设目标，构建系统完善的合规管理体系。一是重点抓好以“5+2”为核心的合规建设，高质量完成国资委5项规定动作，即开展一次合规风险大排查、制定一组合规管理清单、健全一个高质量的合规管理体系、完善一项高质量合规审查机制、建设一个高质量的在线系统；高标准完成公司两项自选动作，即高标准建设海外合规管理体系、高标准建设诚信合规文化。二是重点抓好依法合规“两个”穿透式落实。即穿透式落实法治建设第一责任人的职责，推动各级主要负责人切实履行依法合规经营管理重要组织者、推动者和实践者的职责；穿透式落实合规管理要求，各级企业将合规管理要求嵌入经营管理各领域、各环节，穿透决策、执行和监督全过程，穿透式落实到基层企业、分公司、项目部。三是重点抓好合规管理体系更新迭代与动态管理。按照“简约、高效、好用”的原则开展制度建设，修订合规管理制度及相关指引。

2. 细化分解任务清单，综合施策促进合规落实落地。一是加强组织领导，细化任务清单。成立“工作领导小组”“工作领导小组办公室”“工作专班”三级领导实施机构，引入第三方专业机构开展合规建设工作。细化以“5+2”为核心的合规强化年工作方案，分解明确7类20项重点任务清单，并逐项落实。二是坚持动态分析，确保任务进度。按照“倒排工期、挂图作战”的要求，明确各项任务订单的时间表、路线图，按时对标对表。三是系统组织专项检查和督导，强化问题整改和服务保障。统筹抓好综合治理专项行动和经营业务合规管理排查两项工作，对工作滞后企业督导通报，实现KPI考核闭环。四是落实“管业务必管合规”的要求，实现管理整体提升。采用健全规章制度、完善管理流程等方式，将合规要求融入业务、嵌入流程、植入岗位，完成制度修编82项，40家直属企业完成制度修编2798项。五是推动各类监督协调贯通，形成“三位一体”的监督格局。

3. 坚持高效率导向，系统谋划信息化建设和文化宣传。一是高效部署合规信息化建设，推动管理的规范化。已经上线运行的智慧法治平台系统融合了风险评估监测、合规管理、法务管理等功能，逐步与其他业务信息系统实现“多点联控、互联互通”。二是高效配齐、配强首席合规官。36家直属企业首席合规官配备到位，覆盖率达到90%。三是高效宣传贯彻合规管理系列成果。借助发布诚信合规声明和合规倡议书，组织诚信合规宣誓仪式，印发重要领域、重要岗位、关键业务流程清单，印发ESG、金融业务等6项合规指引，深入解读和宣传贯彻公司合规管理体系建设思路和系列成果。四是高效组织合规文化宣传。统筹开展“诚信兴商、央企先行”主题宣传工作及强化合规宣传教育工作，通过能建要情、网站、视频、微博和宣传展板等渠道或方式，加大合规文化宣传贯彻力度，不断增强全体员工的合规意识。

（二）合规管理的制度体系

电力企业构建分级分类的合规管理制度体系，基本建成了以基本制度为引领、以具体制度为主体、以操作性的合规指引为补充的合规管理制度体系。围绕重点领域制定专项制度和合规指南并及时修订及完善，加强落实情况检查，强化制度执行。截至2022年12月底，各电力央企集团总部均制定了合规管理基本制度，制定了合规管理基本制度的二级子企业占比如图3－3所示。

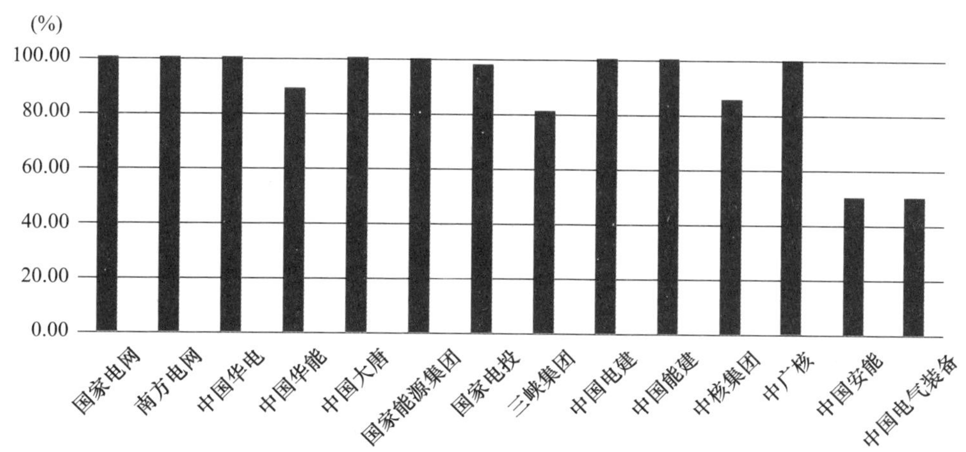

图3－3　制定合规管理基本制度的二级子企业占比

（数据来源：国务院国资委）

部分电力企业的合规管理制度体系建设情况如下：国家电网有限公司以《“十四五”合规管理纲要》为纲领，建立健全包括基本制度、基本规范、专项制度等在内的合规管理制度体系，实现了从“专业管理”到“全面管理”的转变，走出了一条具有电网特色的法治合规发展之路。

中国华电集团有限公司创新构建内控合规风险“1＋N＋X”一体化管理制度体系。“1”即《内控合规风险管理办法》；“N”项操作规范是指《内控合规风险管理手册》，以及发电、煤炭、科工、金融、境外5个业务板块的操作规范；“X”项专项指引是指反商业贿赂、反垄断（经营者集中）、商业伙伴、境外投资并购等方面的专项合规管理指引。公司系统各级企业按照集团公司《内控合规风险管理一体化建设、运行与监督评价工作指引》的有关要求，健全完善一体化管理制度体系，确保制度全面覆盖、上下贯通、有效运行。

国电电力发展股份有限公司积极开展合规管理体系“双认证”工作，严格对照ISO 37301：2021及GB/T 35770—2022标准，开展合规调研，逐项进行标准差距分析，结合已有合规管理措施、经验及成果，形成《合规管理手册》及涉及合规目标、合规风险评估、合规报告为主的26个手册附件的体系文件，从组织建设、制度建设、运作机制等方面严格按照手册规范体系运行，实现了体系从优化构建到有效运行的良好过渡，获得由国际权威认证机构SGS颁发的合规管理体系ISO 37301：2021及国家标准GB/T 35770—2022“双认证”证书，成为国内首家通过国际机构“双认证”的单位。

（三）合规管理的“三道防线”

电力企业持续完善业务及职能部门、合规管理牵头部门及监督部门各负其责的“三道防线”。按照“管业务必须管合规”的要求，强化业务及职能部门第一道防线职责落实，抓实本专业合规管理，守土有责、守土负责、守土尽责，提高合规审查、风险识别与防范能力，切实提高业务合规水平；强化合规管理牵头部门第二道防线职责落实，充分发挥合规管理统筹协调、过程管控和督导检查作用，推进合规管理体系建设；强化巡视、审计等监督部门第三道防线职责落实，加强监督检查，及时发现违法违规问题，严肃追责问责。以深圳供电局有限公司为例，该公司搭建“一脉两联三协同”的合规管理体系，建立了以现代法人治理结构为主脉络的合规管理体系，依法治企领导小组与三级合规管理委员会两个机构联合推进，业务部门积极靠前管控、法规部门牵头居中优化、审计部门做好后端监督，三类部门有效协同的合规管理体系，并切实发挥董事会“防风险”的基本职责，将合规要求落实到各部门、各单位与全体员工，实现多方联动，横向协同，纵向贯通。

二、合规管理运行机制

（一）合规风险识别和预警机制

电力企业坚持“全面覆盖、突出重点、层级清晰、实用高效”的原则，认真开展风险识别活动，根据法律法规、监管规定、行业准则、规章制度等变化情况，编制或更新合规风险库和合规底线清单，对重点领域、重点环节和重点岗位人员进行重点筛选、重点防控。定期发布法律合规风险提示书、信息简报、监管信息、内情通报等，预警提示业务风险。部分电力企业合规风险识别和预警机制的建设情况如下：

国家电力投资集团有限公司在8个领域开展合规风险清单、流程管控和岗位职责清单试点工作，将“三张清单”有机融合，形成重点领域合规审查表单，嵌入流程，实现合规要求流程化、合规职责岗位化、合规操作表单化、合规表单信息化，8个重点领域共计识别443项合规风险，确定376个关键管控环节，并将合规要求分解到356个关键岗位，初步实现了将合规要求融入业务流程的基本目标（图3－4）。

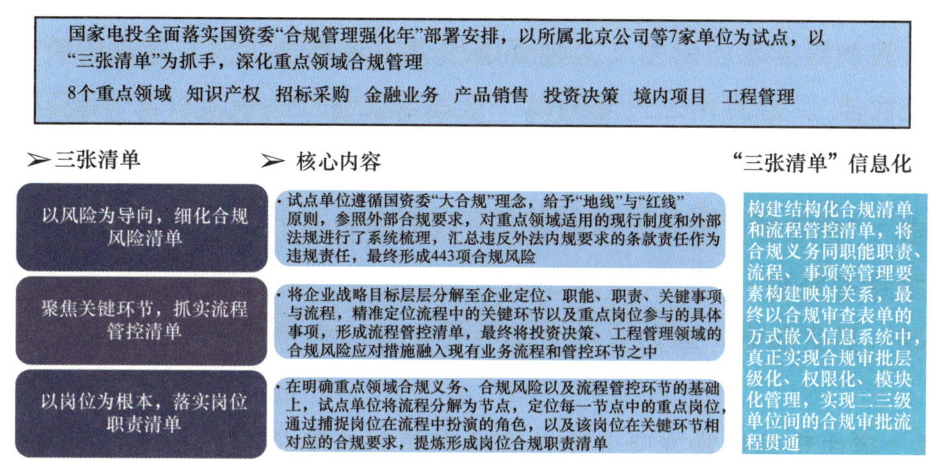

图3－4　国家电力投资集团有限公司深化重点领域合规管理

国网山东省电力公司针对行政执法配合停电带来的法律风险，促请潍坊、威海、东营、日照等地方政府出台规范配合停（复）电文件，为规范配合停（复）电工作提供重要保障。针对重大风险及时发出提示预警，发布63份法律合规风险提示书，跟踪督导隐患排查整改。

国网四川省电力公司成都供电公司以问题为导向，挖掘安全环保、供电服务等重点领域、重要环节开展合规风险诊断分析，综合运用风险预警、专题培训、专项督查等手段，最终形成三级共690册风险管理手册，初步建成涵盖130个专业、430项风险点的合规风险库，涵盖各专业领域、各人员岗位、各业务流程可能存在的风险点及防范措施，将合规要求、管控措施和绩效考核嵌入业务领域关键环节闭环管理。

内蒙古大唐国际克什克腾煤制天然气有限责任公司梳理一级流程24个，二级流程327个，所列流程条款均以“禁止”和“限制”分类描述生产经营活动中不应当、不得、严禁或禁止实施的管理行为和个人行为，并指明监督、检查主体，形成《管理负面清单》，作为合规管理的有力工具，树立“高压线”，让每位干部职工都能带上“高压电”，规范管理行为和履职行为。

广西电网有限责任公司：聚焦“三个关键”，强化企业依法合规经营

广西电网有限责任公司聚焦“三个关键”（聚焦源头防范、聚焦过程处置、聚焦末端问责），强化精准施策、协同联动、违规必究，以行政处罚合规风险防范为抓手，大力推进基层合规建设，不断提升企业依法合规经营水平，助力企业获得电力行业企业信用最高等级（AAA级）评价。

一是聚焦源头防范，强化精准施策。连续多年开展专项整治，组织基层单位聚焦行政处罚风险较高的关键领域、重点环节开展合规风险排查与整治。迭代升级风险管控机制，采用“1+N”（1份风险防控总方案+N份重点领域风险防控子方案）的管控方式，组织业务部门聚焦行政处罚高危风险提出长效防范举措，将防控成效纳入各部门、各单位的绩效考核。加强风险预警，内控管理部门与公文管理部门协同联动，综合考虑外部检查发现的问题是否会引发行政处罚，编制印发《风险提示函》，披露风险事项及违规后果，提出防控建议，做到风险一经发现，就要及时披露提醒，并举一反三进行排查、整治。

二是聚焦过程处置，强化协同联动。总结行政处罚的风险事件处置应对防控经验，提炼形成《行政处罚法律风险事件应对处置要点》，内含行政处罚风险事件处置应对的内部协同和信息报送、日常证据材料收集保存和举证、与政府部门沟通汇报、行使救济权利、按时履行行政处罚决定、及时做好信用修复等6个环节的防控经验，构建“内控管理部门+业务部门+省地县”协同联动处置机制，提升风险事件应对处置质效。

三是聚焦末端问责，强化违规必究。修订内控管理制度，并与员工处分管理制度相衔接，明确违规问责要求。按照“违规原因未查清不放过、责任人员未问责不放过、整改措施未落实不放过、有关人员未受到教育不放过”的原则开展问责。编制《内控合规学习典型案例集》《行政处罚法律风险防范手册》等教育丛书，开展形式多样的合规宣传教育，打出“整治防范+警示教育”组合拳。

（二）合规审查和报告机制

电力企业高度重视合规审查，将合规审查作为必经程序嵌入经营管理流程，并落实重大决策、重要制度、重要文件、重要合同的合法合规性审查机制，严守法律合规底线。重大决策事项的合规审查意见由总法律顾问或首席合规官签字，对决策事项的合规性提出明确意见。业务及职能部门、合规管理部门依据职责权限完善合规审查标准、流程、重点，定期对合规审查情况开展后评估。严格落实合规报告制

度，定期向首席合规官或合规负责人报告工作，及时向上级合规管理机构报告重大合规风险。首席合规官或合规负责人也要定期向董事会、总经理汇报合规管理情况。部分电力企业合规审查和报告机制的建设情况如下：

中国南方电网有限责任公司加强法律审核把住风险关口。2022 年，全系统完成 1281 项涉法重大经营决策、4130 份管理制度和 18. 36 万份经济合同的法律审核，总法律顾问列席决策会议 368 次，法律人员出具法律尽调报告和法律意见书 3285 份、发送风险提示函 66 份，为改革发展生产经营把好关、守好门。

三峡财务有限责任公司党委每季度听取合规风险管理情况报告，针对性做好研究应对，建立合规风险报告机制，向决策、管理、执行各层级传递风险信息，及时预警风险。将合规风险管理纳入公司风险管理年度和季度报告，定期向董事会报送《内部控制体系工作报告》《全面风险管理报告》《法治建设报告》。向集团公司报送月度《重大风险事件管理情况表》，强化合规风险变化监控，督促风险措施落实。

（三）合规检查和整改机制

电力企业积极开展经营业务合规风险及违法违规问题排查整改，按照“揭示问题—落实整改—警示教育—检验成效—完善管理”的思路，严格开展全级次、全领域、全方位的排查整治，剖析根源、制定措施、靶向预警、系统整改，推动问题深层次整改治理，在排雷排险、减损增值、提升管理方面取得显著成效。部分电力企业合规检查和整改机制建设情况如下：

中国电力建设集团有限公司全级次、全领域、全方位对经营业务违法违规问题开展排查，对排查到的违法违规问题按照企业层级、业务领域、行为类别、违反规范类别、行为后果、发现途径等分类标准进行系统梳理，聚焦重点领域，紧盯违法违规事件发生率，按照“揭示问题—落实整改—警示教育—检验成效—完善管理”要求，实现经营业务违法违规问题排查工作有效闭环。截至目前，整改完成进度达到 92. 98%，避免和挽回了一定的经济损失。

国网宁夏电力有限公司开展工程项目承发包合法合规问题大检查、生态环境保护依法合规专项督查等专项检查，将风险问题“建账入库”，纳入合规风险库、经营业务合规风险梳理台账闭环管理。制定工程建设“一指引、一范本、两手册”（《输变电工程专项复工指引》《输变电工程绿色建造策划范本》《输电工程安全文明施工布防标准化手册（修订）》《生态环境保护管理工作手册》），将合规要求穿透业务领域，嵌入工作流程，通过守牢“第一道防线”带动整体合规能力提升。

中国华能集团有限公司：高质量推进自查自纠，高标准落实问题整改

中国华能集团有限公司全面排查全系统存在的问题，按照统一格式形成“三个清单”，即问题清单、任务清单、责任清单，建立整改台账，实施销号管理，不仅查清问题是什么，还要弄清楚根子在哪里，更要明确具体怎么改，做到问题原因分析不清楚、整改方案不具体不放过，整改措施落实不到位、整改成果不达标不放过，建章立制不完成、责任追究不落实不放过。

一是形成“双条线”工作方式，强化合规“第一、二道防线”协同配合机制。合规管理部门负责牵头组织开展经营业务合规风险排查工作，其他部门负责各自业务领域合规管控工作，全面强化优化了一二道防线协作配合，充分发挥了各自专业优势，形成了强大的工作合力，为精准高效做好排查工作提供了有力保障。

二是建立“半月报＋综合报”工作台账，完善合规信息报告机制。总部各部门、系统各单位每两周报送一次工作台账，并按期上报排查阶段及整改阶段的综合报告，逐步丰富和完善了合规信息统计类别、项目、格式、表格等基础信息，形成了定期报告机制。

三是深化信息共建共享，建立合规信息共享工作机制。总部部门之间建立联动协作工作机制，深化信息共享，强化监督检查，核查核实系统各单位的工作台账和综合报告，督促出现漏报、迟报、少报等情况的单位开展再排查、再落实工作，确保排查结果的准确性、全面性、一致性。

四是强化日常监督，建立常态化工作机制。系统总结本次经营业务合规风险排查工作，抓细抓实违法违规问题，进一步健全合规风险识别预警报告机制，每月汇总统计违法违规情况，特别是对于反复发生的共性问题，进一步剖析深层原因，切实做到补短板、强弱项、促提升。

（四）合规举报和调查机制

电力企业设立违规举报平台，公布举报电话、邮箱或者信箱，相关部门按照职责权限受理违规举报，并就举报问题进行调查和处理，对造成资产损失或者严重不良后果的，移交责任追究部门；对涉嫌违纪违法的，按照规定移交纪检监察等相关部门或者机构。部分电力企业合规举报和调查机制建设情况如下：

国家能源投资集团有限责任公司建立并有效运行违规经营举报机制，在集团外网公布集团公司经营业务违规举报电话和邮箱，由专人负责接收举报信息，形成由企管法律部统一受理并按业务对口原则分类移送，由相关业务部门（单位）调查处

置并及时反馈的高效衔接运行机制。进一步明确纪检、巡视、审计等部门违规行为追责问责的范围，细化追责程序和标准，协作开展违规行为记录工作，并将违规行为与考核评价、选拔任用等工作挂钩。

国网湖南省电力有限公司推行违规事件“说清楚”、警示约谈制度，建立违规事件责任单位向省公司“说清楚”，专业部门负责开展违规事件调查，法律、专业、监督部门协同推进违法违规事件调查、约谈、考核、整改、销号全过程管理机制。

（五）合规责任追究机制

电力企业完善违规行为追责问责机制，进一步细化职责分工，明确责任范围，细化问责标准，针对发现的问题和线索及时开展调查，按照有关规定严肃追究违规人员的责任。部分电力企业合规责任追究机制建设情况如下：

中国电气装备集团有限公司成立审计与风险委员会、监督委员会，构建“党统一指挥、全面覆盖、权威高效”的大监督体系，推进审计监督、纪检监督、巡视监督有机衔接，着力构建业务部门监督、法律合规职能监督、审计纪检巡视监督的“三道防线”。制定实施《违规经营投资责任追究实施办法》《违规经营投资责任追究实施细则》，建立违规责任追究机制，形成用制度管权、按制度办事、靠制度管人、依制度问责工作局面。

长江生态环保集团有限公司加大违规追责问责力度，建立所属单位经营管理违规行为记录、员工履职违规行为记录等台账，并将违规行为的性质、发生次数、危害程度等作为考评的重要依据。

（六）合规管理绩效考核机制

电力企业将合规管理纳入年度绩效考核体系，并将考核结果与干部任用、评先选优、薪酬激励等挂钩，形成激励与约束机制，部分所属单位经营管理和员工履职违规行为记录制度，将违规行为的性质、发生次数、危害程度等作为考核评价、职级评定等工作的重要依据。部分电力企业合规管理绩效考核机制建设情况如下：

国家能源投资集团有限责任公司全面修订依法治企考核规则和指标体系，将合规管理体系建设、规章制度落实、重点领域合规风险防控等情况作为重要考核指标，纳入集团公司对子/分公司关键业绩指标（KPI）体系考核，并占基础分5分分值；60家有基层企业的二级单位结合实际细化考核要求，将合规工作纳入对基层企业的经营业绩考核，推动依法治企责任层层落实、落实到位。

国网重庆市电力公司探索实践合规管理成效评价机制，将合规管理工作要求纳入管理对标、企业负责人业绩指标中，按季监督通报，年底结合年度基层单位综合考评，对基层及省管产业单位开展现场验收评价。

三峡财务有限责任公司强化了合规风险评价考核，按照监管机构对财务公司功能定位和构建风险防控长效机制的要求，将合规经营类和风险管理类指标权重继续保持在40%，占比不低于其他类指标。该公司发布的《年度各部门（单位）绩效考核指标》将风险管理情况纳入对各部门、各单位负责人的年度绩效考核指标，设置工作规范性指标和违法违规一票否决指标，并通过绩效考核兑现、奖优评先等方式运用评价结果，发挥激励约束作用。

（七）合规管理有效性评价机制

部分电力企业积极开展合规管理体系有效性评估，定期对合规管理体系的有效性进行分析，对重大或反复出现的合规风险和违规问题，深入查找根源，完善相关制度，堵塞管理漏洞，强化过程管控，持续改进提升。部分电力企业合规管理有效性评价机制建设情况如下：

国家电网有限公司深入研究合规管理评价指标，为下一阶段合规评价积累了丰富经验。强化合规管理成效考核，将合规管理纳入各单位企业负责人业绩考核指标。各单位也将合规管理情况纳入对下属单位的绩效考核。

中国核工业集团有限公司创新建立合规管理评价体系，制定《中国核工业集团有限公司合规管理评价标准（2021版）》，实现了评价工作的规范化和标准化。评价指标具有较强的针对性和指导性，为检验所属单位合规管理体系建设及运行有效性提供了有力工具。

第五节　工作组织体系

电力企业全面落实中央企业法治建设总体部署，加大企业法律专业领导干部选拔力度，推动总法律顾问制度落地，加强法务管理机构建设，逐步配备与企业规模和需求相适应的法治工作队伍，持续提升法务人员能力水平，为法治建设提供坚实的组织保障。

一、总法律顾问（首席合规官）

电力企业在配齐集团公司层面的总法律顾问的同时，加大力度配齐、配强重要子企业、分公司专职总法律顾问，充分发挥总法律顾问在促进依法、科学、民主决策方面的重要作用。同时，电力企业不断加强合规管理队伍建设，探索建立首席合规官制度。以下述公司为例：

国家电网有限公司总部及重点子企业均配备了总法律顾问，并在地市供电公司、省管产业单位探索推行总法律顾问制度。

中国南方电网有限责任公司二级单位总法律顾问配备率从50%提升到了71%，其中贵州电网有限责任公司和南方电网供应链集团有限公司新增2名总法律顾问，实现了专职化、专业化。配备总法律顾问的三级单位增加到12家。

中国长江三峡集团有限公司按照总部定方向、建体系、严考核，各单位树标准、筑根基、抓落实的总体原则，不断推动合规管理组织体系向全级次企业延伸落实。此外，还印发了《关于建立首席合规官与合规专员机制的通知》，建立了覆盖集团公司总部、二级单位、三级及以下子企业各业务部门、各基层单位的首席合规官与合规专员机制，全方位压实各级合规管理主体责任和岗位责任。各级单位首席合规官由总法律顾问或分管法治工作的负责人担任，牵头组织开展合规管理的各项工作；各级单位所属各部门合规专员由部门负责人担任，组织实施本业务领域的合规管理工作，推动本业务领域合规管理要求层层贯通。全集团范围内配备首席合规官289人、合规专员1305人，基本构建了横向到边、纵向到底、上下贯通的合规管理负责人履职体系。

广东省能源集团有限公司组织重要子企业将落实总法律顾问制度写入公司章程，并规定总法律顾问要由董事会聘任。坚持总法律顾问专职化、专业化方向，逐步提高具有法律教育背景或法律职业资格的总法律顾问的比例。

二、法务合规管理机构

电力企业持续夯实法律合规基础，进一步充实法律合规机构和人员，增强法治企业建设整体性、系统性和协同性，进一步厘清各单位法律职责界限，强化法律工作条线协同、上下联动，法务合规管理机构逐渐呈现出服务内容专业化和服务模式一体化特征。一方面设立独立的法律事务管理机构、法律事务办公室或法务风控部，不断优化机构或部门法律职责；另一方面致力于整合法律资源，构建起不同级别企业的法律共享机制。截至2022年12月底，各电力央企集团总部均设置了合规管理机构，设置合规管理机构的二级子企业占比如图3－5所示。

具体来说，中国华能集团有限公司的9家二级企业设置了独立的法律事务管理机构，其他二级企业中有20家设置了法律事务办公室（处室）。中国大唐集团有限公司总部设立独立的法务风控部，22家二级公司设立了独立的法务风控部，其余规模较小的企业则将法务风控部与办公室等部门合署办公。国家能源投资集团有限责任公司总部和76家子/分公司均在机构、人员、技术等方面为合规管理工作提供必要条件，将合规管理专项经费列入年度预算。

海南电网有限责任公司以法律资源集中、重组及优化利用为核心，打破内部管

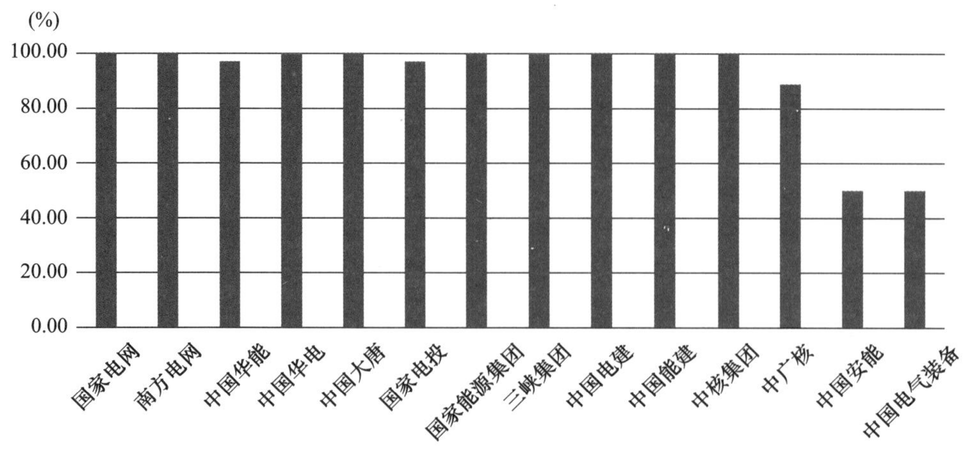

图3－5　设置合规管理机构的二级子企业占比

（数据来源：国务院国资委）

理壁垒，积极探索合同审核、案件办理、重大决策法律审核等关键技术业务省级集约化管理模式，高度整合法律资源，实现组织、人员、资源、法律的“四集中”，制度、流程、平台、规范的“四统一”，用更少的资源实现传统业务的高效处理，将节约出的资源更多投向法规业务高价值领域，提升法律审核标准化、专业化水平。

中国三峡建工（集团）有限公司构建了法律共享机制，明确了三峡建工本部和各二级单位法律事务权责界面，明确各法务人员具体法律服务单位，并嵌进各单位内部法律审核流程，通过“法务人员共享＋法律机构共享”模式，全面推进法律事务区域化、差异化、精准化管理，充分挖掘和利用现有法律资源，对分散的资源进行整合，确保“三项”法律审核、法律咨询服务覆盖至三峡建工各级下属企业、分支机构、建设部及筹备组，填补法律管理的空白，确保法律服务无死角。

云南电网有限责任公司：创新形成“新时代电网企业法治平台运作模式”

云南电网有限责任公司搭建了“一部一中心＋智库＋律所”的法治平台组织及“1＋5”的核心能力体系（以“法律服务需求”为导向，构建创新力、服务力、执行力、风控力、学习力“五项核心能力”），创新形成了“新时代电网企业法治平台运作模式”。

1. 构建共享法治平台组织，保障永续创新力。搭建“一部一中心＋智库＋律所”法治平台组织，总体上形成“一体两翼”法治框架（内部三级结构，外部两翼助力），为法治创新与服务支撑提供保障。“一体”即内部三级法治结构，以“总法律顾问、法规部+法治与合规共享中心、基层单位法务人员”为一体的内部纵向三级组织，构建“决策、管理+业务支撑、执行”的三级管控模式。“两翼”即充分整合智库及律所两类外部资源，承担智力输入与法律服务功能，打造出分层治理新格局。

2. 形成“4T”服务模式，提高整体服务力。以需求为导向，打造目标（Target）、团队（Team）、融入（Together）、沟通（Touch）于一体的法律服务模式。法律人员面向公司各部门（单位）开展法律服务，坚持法治工作和业务管理深度融合，用法律思维、管理方法解决合规问题。遵循“一口对外、内转外不转”服务原则，通过法律巡诊、法律服务片区负责制躬身服务基层一线，有所作为。坚持以问题为导向，努力当好业务管理部门的法律伙伴，用法律服务解决工作中的疑惑、带来管理上的收获、针对不同专业领域提供有效法律支撑。

3. 打通服务下沉通道，内生敏捷执行力。深化法律诊所建设，服务方式从被动接诊向主动问诊转变，分层分级开展法律巡诊，为专业部门和基层单位提供面对面、零距离的法律服务。专业分工+片区服务+主辅修结合，紧盯公司热点、难点、痛点问题，推行法治服务项目责任制，专业专职、全程参与、全面服务，防范和化解重大合规风险，让法律服务更加贴近依法维权“第一线”。调集智库、律所等优质资源，解决线房线树矛盾、人身触电、智能交费等法律痛点。开展“我为群众办实事，法律服务在身边”活动，现场解答员工关心的问题，真正为群众办实事。

4. 设计配套落地机制，提高动态风控力。完善内部制度流程建设，总结历年法律巡诊、咨询服务、外聘法律顾问管理等经验，不断优化法律服务。规范外部合作机构管理机制，明确外聘律所管理主体制，开展外聘律所工作评价及退出管理。搭建“端对端”的问题解决机制，主动获取基层法律需求，并及时解决问题。分析问题根源，思考解决方案及措施，多途径反馈至具体业务部门，通过“点—线—面”延伸，协同专业部门综合施策，为基层一线量身定制法治“处方”，持续推动问题解决。

5. 实施素质提升计划，提高队伍学习力。按照法律专业簇群，以“主修专业法律人员+辅修专业法律人员+专业技术人员”方式组成3人学习矩阵，开展专题学习和研讨。开辟“一周一观点”法治共识管理机制，形成对内有约束力、对外有说服力的法治观点。建立云南电网法治人才库，选拔培养初、中、高级法律人才，搭建法律人才梯队，首家实现法律人员入选南方电网公司专业序列技术专家。聚焦重大责任事故罪、涉电公共安全、供用电合同纠纷等公司重大合规风险，以案释法嵌入业务培训，提高队伍知识输出能力。

三、法治合规人才队伍

电力企业坚持专职化、专业化方向，深化法律合规人才库建设，建立法律技术专家候选人培养机制，聚焦专业能力提升，组织开展法律技能竞赛、案例式宣讲、法律人员独立代理案件等，推动法律合规人才加速成长。目前，各电力企业均已配备不同规模的法律人员团队，包括专职法务人员、具有各类法律职业（执业）资格的人员，甚至法律专家，为企业的法治合规建设发展提供了坚实的人员力量。以下述公司为例：

中国南方电网有限责任公司建成法律人才库，打通法律技术专家通道，建立法治工作定期交流机制，法律人员独立代理案件比例接近三成。

中国华能集团有限公司有全系统专职法务人员 219 人（含金融基层企业法务 45 人），比 2020 年增加了 7 人，持有各类法律职业（执业）资格的员工 161 人，专业化率达到 73. 5%。

中国大唐集团有限公司总部法务风控部在法务人员中新提拔了 2 名副经理，并实行法律优才计划，增加了法学优秀毕业生招录人数，在省级发电公司普遍配备专职专业法律合规人员。基层企业法务合规职能一般设在办公室，按照劳动定员标准，已按要求配备专业法务合规人员 137 人。

国家能源投资集团有限责任公司将法律合规队伍建设纳入集团“十四五”人才规划，全集团专职法务人员由“十三五”末的 472 人增至 709 人，增幅 50. 2%；公司律师由 115 人增至 298 人，增幅 159. 1%；专职合规管理人员由 82 人增至 115 人，增幅 40. 2%。

据统计，截至 2022 年年底，中国南方电网有限责任公司集团层面有法务人员 14 人，一级子公司有法务人员 164 人，二级子公司有法务人员 358 人，三级子公司有法务人员 375 人，具有法律职业背景的人员超过 70%。国家电力投资集团有限公司集团层面有法务人员 11 人，一级子公司有法务人员 218 人，二级子公司有法务人员 437 人，具有法律职业背景的人员超过 50%。中国核工业集团有限公司集团层面有法务人员 15 人，一级子公司有法务人员 78 人，二级子公司有法务人员 332 人，三级子公司有法务人员 102 人，具有法律职业背景的人员超过 70%。中国长江三峡集团有限公司集团层面有法务人员 23 人，一级子公司有法务人员 88 人，二级子公司有法务人员 124 人，具有法律职业背景的人员超过 70%。截至 2022 年 12 月底，各集团及二级子企业配置专职合规管理人员总数如图 3 – 6 所示。

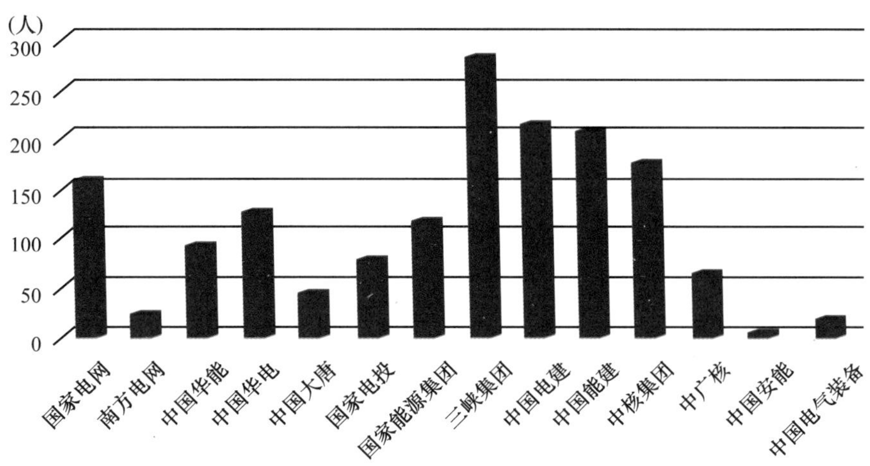

图3－6　各集团及二级子企业配置专职合规管理人员总数

（数据来源：国务院国资委）

国家能源投资集团有限责任公司："过三关"以赛促法律合规人员技能水平提升

国家能源投资集团有限责任公司将法务人员技能提升作为依法治企的重点工作持续推进。2022年8月至2023年4月间，历时8个月组织了"国家能源杯"智能建设技能大赛——法律合规职业技能大赛。大赛分三关进行，以团体比拼与个人竞技相结合的方式，逐级闯关晋级，全面考察法务人员法律合规理论知识储备情况和出庭应诉答辩能力，比赛覆盖全集团全体专兼职法律合规人员。借助系统参与"三关"赛事，广大法务人员精读细读法条备考、活学活用法条参赛、用好用准法规维权，较好地实现了以考促学、以学促用，真正把答题活动成效转化为实际工作能力，更好地推动"合规护航"发展。

1. 第一关为应知要点考察关，参照国家法律职业资格考试客观题答题方式进行机考，重点考查法律合规人员对习近平法治思想，以及民法典、刑法、诉讼法、劳动法等与企业生产经营密切相关的法律合规基础知识的掌握和应用能力。

2. 第二关为三项审核技能关，考察方式由客观题调整为主观题机考，围绕投资并购、股权转让、资产重组、公司治理等核心业务内容精心设计10道案例题检验法律合规队伍对规章制度、经济合同和重大决策三项法律审核的实务能力。

3. 第三关为模拟法庭攻防关。依托法律院校开展模拟法庭，参赛队伍抽签确定原被告方，围绕相关真实案例优化改编的合同纠纷等模拟案情参与模拟庭审，经过半决赛和决赛两轮紧张、激烈的法庭对决确定冠亚军。合议庭审判人员由法院现职法官和仲裁庭仲裁员组成，合议庭成员与高校专家组成的评委团会对选手的赛事表现进行点评，帮助参赛的法务人员、公司律师熟悉庭审程序、增加庭审经验。

4. 三关PK，掀起“大练兵”热潮。对参赛选手而言，赛事的三关设置由简至难，赛事备考的过程也是系统复习法条原理、结合赛事练兵实践的过程，有效地推动了集团公司法律合规人员技能水平的整体提升。同时，本次赛事一、二等奖的个人选手获得“国家能源集团工匠”“国家能源集团技术能手”参评资格，在给予优秀法律合规人员荣誉激励的同时，进一步拓宽其职业生涯规划，更好地保障集团公司法律业务人员人尽其才、才尽其用、用有所成。

第四章　电力行业法治合规工作进展

“奉法者强则国强，奉法者弱则国弱。”坚持依法合规治企，是落实全面依法治国战略的重要组成部分，也是企业实现高质量发展的必由之路，更是打造基业长青世界一流企业的重要保障。近年来，电力企业坚持弘扬法治精神，强化合规管理，推进法治合规工作走深走实，各项工作都取得了显著成效，法治合规基础更加稳固，法治合规理念根植于基层一线，法治合规文化深入人心。

第一节　支撑保障能力

改革与法治如鸟之两翼、车之两轮。随着国有企业改革、电力体制改革和内部管理变革的不断推进，电力企业始终坚持用法治思维和法治方式深化改革，推动发展。深化业法、业规融合，将法治合规融入业务各个环节，推动业务规范管理。依法合规推进重大改革事项落地落实，有力保障企业改革发展。强化重大决策事项法律审核把关，确保改革方案的严密性、科学性。持续加强审计监督、内控监督和追责监督，探索推进法律监督，切实把稳企业发展航向，确保改革发展在法治轨道上不偏不倚，行稳致远。

一、业法、业规融合

电力企业始终牢记“国之大者”，牢固树立全局意识和系统观念，坚守职责使命，融入中心、服务大局。紧紧围绕公司重点任务谋划法治工作，坚持将法治合规工作与公司中心工作、改革发展、生产经营和企业管理全过程深度融合，做到与业务发展同步部署、同步论证、同步实施。适度超前开展业务相关的重大涉法问题研究，提供全程跟踪、响应及时的法治服务保障。电力企业业法融合、业规融合的典型做法见表4－1。

表4－1　电力企业业法融合、业规融合的典型做法

企业名称	业法、业规融合方式及效果
国家电网有限公司	借鉴COSO风险管理20条原则、内部控制五要素及国务院国资委发布的《中央企业合规管理指引（试行）》《中央企业合规管理办法》，将风险内控合规的各项管控要求

续表

企业名称	业法、业规融合方式及效果
国家电网有限公司	转化为企业内部管控的流程、授权、制度和评价等核心要素，研究编写《风险管理、内部控制与合规管理操作指南》，以流程图形象化地展示业务管理全过程，明确各业务的主要风险、关键控制点、合规要求、岗位权责、制度依据、控制措施、监督评价要点等内容，形成以流程步骤为纽带的“网”状关系，为各部门、各岗位开展风险内控合规管理提供标准及依据，促进与业务管理深度融合，经营风险可控在控
中国南方电网有限责任公司	全面建成以合规管理为基础、以风险管理为重点、以内部控制为手段的“三合一”体系，实现目标任务、组织机构、工具方法、工作流程、保障支持的“五个统一”。持续运作“年初有预判、季度有分析、月度有落实、实时有监控、事件有跟踪”的风险管控机制，针对供应链金融、数据和知识产权保护、境外劳动用工等重点领域印发合规指引，推动基于流程的内控合规体系优化升级，将合规要求进一步嵌入流程和岗位
国家电力投资集团有限公司	编制重点领域的三张清单，将合规要求融入业务流程。结合合规问题和风险排查情况，选择所属北京公司、中电国际等7个试点单位，在招标采购、金融业务、境外投资、境内项目、知识产权、产品销售、投资决策和工程管理等8个重点业务领域开展合规风险清单、流程管控和岗位职责清单试点工作，作为推动合规管理要求有效落地的重要途径。试点单位聚焦各自负责重点领域的关键环节，结合全面风险排查分别制定风险识别清单、流程管控和岗位职责清单，并将三张清单有机融合，形成重点领域合规审查表单，嵌入流程，实现合规要求流程化、合规职责岗位化、合规操作表单化、合规表单信息化。8个重点领域共计识别443项合规风险，确定376个关键管控环节，并将合规要求分解到356个关键岗位，初步实现了将合规要求融入业务流程。北京公司负责的投资决策和工程建设两个重点领域已完成28张合规审查表单编制，其中投资决策领域表单16张、工程管理领域表单12张，均已实现信息化
中国核工业集团有限公司	聚焦关键业务领域，在全集团范围内积极推广《中国核工业集团有限公司关于进一步加强法业融合工作的指导意见》。与业务制度编修同步，将法律管理要求全面嵌入、延伸到各项业务管理制度和流程中，为拓宽法治服务覆盖面、提高法治服务质量提供了制度和流程保证。在工作实践中，集团各级法治人员主动和业务人员协作，深度参与改革经营工作，提出商业模式创新、交易结构优化、风险分担与防控等方面的意见、建议，发挥了防风险、创价值的作用
中国电气装备集团有限公司	一是强化法律合规审查。坚持完善重大决策、制度流程、重大合同、重要经济活动合规审查机制。二是深化“三道防线”机制。结合重大决策、合规管理报告、违规责任追究等工作，分别从业务管理、法律合规、管理监督三条线各尽其责，不断完善“三道防线”的合规风控机制。三是加强合规风险识别及预警管理。编制印发新能源投建项目、工程总承包及国企混改法律风险指引。编制印发供应商合规管理、员工履职回避、国际市场营销等12项领域的合规管理指引。四是督导跟进境外法律合规风险专项识别审查。搜集涉外经贸摩擦相关政策信息，发布境外法律合规风险防范指导文件，积极做好涉外贸易摩擦风险应对

二、重大改革法治保障

电力企业坚持运用法治思维和法治方式破解难题、深化改革、推动发展，紧盯国企改革三年行动方案、全国统一电力市场体系建设指导意见、中央企业“十四五”发展规划等重点工作，落实合法合规审核制度，严控法律合规风险，依法合规推进重大改革事项落地落实，有力保障企业改革发展。坚持法治和深化改革相衔接、相促进，在推进国企改革三年行动、电力体制改革、新型电力系统构建、混合所有制、专业化重组、股权激励、上市并购、厂办大集体等重大改革实施过程中，严守法律审核关口，确保改革方案科学可行；坚持依法规范操作，确保改革实施稳步有序。例如：

长江三峡技术经济发展有限公司认真贯彻落实各项改革决策部署，围绕公司中心工作，坚持稳中求进的工作总基调，以“规范化治理、市场化经营、精益化管理、契约化考核”为改革发展总目标，通过抓好顶层设计，强化过程管控，国企改革三年行动实现圆满收官，印发《三峡发展公司与三峡绿色公司权责界面事项清单（试行）》《三峡发展公司非法人二级单位重大事项决策范围和权限清单（试行）》，细化规范各决策机构的决策流程与权限，各治理主体间的权责边界进一步厘清，公司整体向治理更加规范、机制更加健全、管理更加高效的目标阔步前进。

三、重大决策合法合规性审核

建立健全重大决策合法合规性审核机制，既是贯彻“三重一大”决策制度的必然要求，又是企业防范风险、稳健经营的现实需要。各电力企业普遍将合法合规性审核作为重大事项决策的必经程序，明确重大决策审查责任清单，优化审查程序，提高审查质量，有效防范决策风险。不同电力企业的合法合规性审核机制的设计和运行各具特色，可从下述公司中略窥一斑：

中国华电集团有限公司印发《重大决策事项合法合规审查办法》，明确重大决策事项合法合规审查范围，优化重大决策事项合法合规审查流程，规范重大决策事项合法合规审查的标准、程序和方式。按照《中央企业合规管理办法》的规定，明确各级企业实行重大决策事项业务部门合法合规首审制度，以及涉法重大决策事项法律合规管理部门合法合规审查、法律合规审查意见书由首席合规官（总法律顾问、法律合规工作分管领导）审核签字制度。重大决策事项涉及法律问题的，应当经法律合规管理部门履行合法合规审查程序后，方可提交党组（党委）会、董事会、董事长（执行董事）专题会议、总经理办公会议、分公司负责人专题会议等决策机构进行决策。重大决策事项的合法合规审查要做到应审必审，保证审查质量，避免漏审、补审和审后依然出现风险等问题，确保依法依规决策。

国家能源投资集团有限责任公司制定《国家能源集团合规审查实施办法》，抓实施前合规审查把关，强调未经合规审查不得出台制度、不得签订经济合同、不得报审重大经营决策；科学设计合规审查程序，将合规审查贯穿规章制度出台与执行、经济合同签订与履行、重大经营决策审批与实施的全过程，强化事中管控和事后救济，扭转重前端把关、轻履行管控的情况。明确规章制度、经济合同、重大经营决策的合规审查要点，提升合规审查质量。

中国核工业集团有限公司推行法律合规一体化审查。2022 年，中核集团及所属成员单位有效落实"规章制度、经济合同、重要决策"法律审核"三个 100%"要求，扎实做好合规审查工作，共审核经济合同 120000 余份，审核规章制度 21000 余份，审核投资并购、引战和证券市场融资、改制上市等重要决策事项近 8300 项，为经营决策的依法合规提供了坚实保障。

国网福建省电力有限公司根据《国家电网有限公司重大决策合法合规性审核实施办法》的有关规定，制定颁布了《关于建立重大决策合法合规性审核后评估工作机制的指导意见》，通过开展重大决策合法合规性审核后评估工作，规范公司重大决策合法合规性审核流程，健全合法合规性审核闭环管理机制，有效防范决策执行的法律风险，提升公司法律合规风险的防范水平。

广东电网有限责任公司实现重大经营决策法律审核规范化、数字化。细化 392 项法律审核标准，率先将重大经营决策法律审核要求融入公司治理主体权责清单、嵌入决策会议信息系统流程，实现涉法重大经营决策事项一键自动识别和流程控制，确保重大经营决策法律审核"应审尽审"。

国网冀北电力有限公司：强化涉奥合规监督保障

国网冀北电力有限公司（以下简称"国网冀北电力"）作为国家电网有限公司第一批开展合规管理体系建设工作的试点单位，搭建了立体高效的组织架构，构建了上下联动的合规管理体系。由于独特的地理区位和历史沿革，国网冀北电力肩负着"一保两服务"的特殊职责使命。在冬奥期间，国网冀北电力多措并举推进冬奥会法律监督保障工作，确保涉奥各项工作全面依法合规。

1. 加强涉奥重大决策项目的审核把关。围绕涉奥重点任务，优化审核工作流程和考评方式，记录涉奥重大决策执行全过程，建立可追溯、能考评的管理台账，确保涉奥重大决策应审必审、凡审必严、违规追责，累计进行涉奥重大决策合法合规性审核 23 次，有效防范了风险。

2. 加大涉奥全流程法律管控力度。组织涉奥合同规范治理专项行动，明确8大类28小类的检查标准，对4家单位1768项涉奥合同进行现场检查，梳理分析风险点23项，印发涉奥合同法律合规风险提示书4份，提出防范意见31条。

3. 健全涉奥法律风险防控体制机制。将涉奥法律风险纳入本部和所属单位年度法律风险控制计划，细化目标、措施和进度要求，加强监督检查和成效评价，形成有效的管理闭环。共印发法律风险提示书24件，全部予以落实。

四、法治合规监督

电力企业立足提高全方位风险防控水平，推动构建适应新时代、新形势、新要求的集中统一、全面覆盖、权威高效的法治体系，涵盖巡视、纪检、审计、法律、内控等在内的“大法治”监督体系，增强了各类监督的严肃性、协同性、有效性。推动各类监督体系有机贯通、相互协调，突出监督工作重点；持续加强审计监督、内控监督，落实追责问责机制，探索推进法律监督，切实把稳企业发展航向，提升企业发展质量，增强电力企业竞争力、创新力、控制力、影响力和抗风险能力。以下述公司为例：

中国华电集团有限公司坚持问题导向，遵循“两个对照”原则，制定《依法合规经营排查治理事项清单》，按照全级次、全领域、全方位的要求，细化、明确了33个经营管理业务领域的157项排查内容。督导各级企业在集团公司“规定动作”的基础上结合实际，细化、建立本单位排查治理事项清单，“一企一单”开展排查治理，拉紧织密排查网。

国家能源投资集团有限责任公司立足“党统一领导、全面覆盖、贯通协同、权威高效”的原则，形成了“1+3+N”的监督工作格局：“1”是以重组改革为总体驱动，推行产业专业化管理，厘清权责边界，实现职能部门从管理向监管的转变，充分释放业务监督效应；“3”是三项融促机制，一是把监督融进岗位职责，“管业务就要管监督”，二是把监督融进制度规范，“有执行要求就要有监督要求”，三是把监督融进业务流程，“有违纪风险就要有防范措施”；“N”是以多元信息化监管为监督赋能，建设一体化集中管控系统（ERP），实现业务互连、数据共享，为业务监督提供有力支撑。

中国大唐集团有限公司认真落实高质量发展的要求，做深做实大监督体系，持续提升法治化水平，狠抓重大风险防范化解，以合规促发展，以发展促合规。2022年，中国大唐打响煤化工板块突围脱困攻坚战，稳步推进煤化工市场化经营机制改革，充分释放合规整改效能。历史遗留合规问题陆续得到解决，助力煤化工板块也实现整体盈利。

第二节　风险管控能力

电力企业按照“抓合规、防风险、保发展”的总体目标，坚持问题导向，针对安全环保、投资并购、数据管理等重点领域，梳理合规风险，研究制定专项指引，建立一体化风险管控机制。采用设立兼职合规管理员、加强合规审查等方式，压紧、压实重点领域业务部门“第一道防线”的主体责任，把问题解决在最前端，提升重点领域合规管理水平，努力做到合规风险可控能控在控，坚决守住不发生系统性风险的底线。

一、安全环保领域

（一）电力安全方面

安全生产是电力企业最根本的效益所在，是电力企业生存和发展的基石。各电力企业广泛开展安全生产法治宣传与安全培训活动，将安全生产的法律意识注入全体工作人员心底；健全安全预警机制与隐患排查机制，加强安全事故的事前预防；全面进行安全整治，筛查安全合规风险，堵塞安全漏洞，有力保障企业安全发展。以下述公司为例：

国网浙江省电力有限公司台州供电公司牢固树立“生命至上”和“安全发展”理念，全面推进安全生产风险管理，完善安全风险管控体系。健全市公司牵头抓总、多维度风险辨识、各专业协同管控工作机制；深化隐患排查治理，督促各专业逐级落实排查标准、制定并实施专项隐患排查计划，推动隐患标准化排查、项目化治理、分层分级管理；开展“零违章”班组创建工作，推动班组安全责任清单化、动态化管理；持续加强安全培训，建立健全与专业岗位任职要求相适应的安全等级培训认证机制，有效提升全员安全意识和管理水平。

大亚湾核电运营管理有限责任公司坚持“依法治核”，针对安全生产监督领域梳理出17项嵌入合规审查的业务流程，设置了19个合规评价点；组织管理层和员工线上签署《合规履职承诺书》，正式发布《合规手册》；针对劳动用工、安全生产、网络安全等重点领域编制合规指引，明确外包项目管理“10项厂规”，为公司业务部门合规管理提供指引。

（二）电力环保方面

电力企业深入贯彻习近平生态文明思想，秉持绿色环保、与环境友好相处原则，致力于发展清洁能源事业、新能源设备、水能与环保产业等，开展节能管理，促进生产经营与环境保护的协调发展。严格遵守环境保护的相关规定，遵守环境影响评价制度、“三同时”制度、排污许可制度，将绿色发展理念落实到生产经营全过程、各环节。以下述公司为例：

中国长江三峡集团有限公司流域枢纽运行管理中心深化三峡枢纽区和梯级水库生态环境保护，编制、发布企业标准《水库水华监测技术规程》和行业标准《水电工程生态调度方案编制规程》《水库清漂船技术要求》，建设坝区污水管网和处理厂、垃圾填埋场、污水处理生态示范园，实现坝区污水零排放。建设金沙江下游-三峡梯级水库水质、水华、水温、溶解性气体、水生生态等生态环境监测体系；开展促进鱼类自然繁殖和抑制支流水华的生态调度试验；打造世界最大清漂船并建立一体化清漂体系，实现坝前漂浮物“全打捞和无害化处理”，助力长江经济带高质量发展。

河北大唐国际王滩发电有限责任公司高度重视环境保护风险管理，从制度体系建设、监督执行、环境监测及报告、环保信息公开等多个方面，搭建了环境保护合规体系。采用海水冷却、海水淡化、湿法脱硫、高效静电除尘、低氮燃烧器、预应力桁架覆膜封闭煤场、干除灰和水资源综合利用等先进环保技术，不断加大环保设施投入力度，完成超低排放、煤场封闭等环保改造项目。

二、质量管控领域

（一）工程建设方面

电力企业贯彻“百年大计，质量第一”的方针，通过制定工程质量管理规定，健全电力工程建设审批、勘察、设计、施工、验收等各环节管理制度，治理转包、违法分包、借用资质、挂靠经营等行为，全面强化电力工程质量、安全、进度全方位管控。以下述公司为例：

大唐朝阳风力发电有限公司建平奎德素项目向管理要效率，用合规创效益，从项目选址、风机选型到施工管理、安全建设，合规管理贯穿始终。在建设实施期间，共制定工程管理制度 82 项，其中包含工程管理的安全、质量、进度、招投标、合同签订、款项支付等各类相关制度，现场执行了高水平的安规、运规等标准，确保项目建设过程中各项工作均能有据可依、按章执行。项目造价控制到位，融资方式优越，实现了“即投产、即盈利”的建设目标。

大唐安徽发电有限公司提升工程变更签证合规管理水平，项目负责人严控项目现场管理，严格按照制度规定对工程项目变更签证全流程进行把控，不越级、不越权审批。项目公司、监理单位对变更设计进行严格审查，工程签证由项目公司、监理单位和施工单位共同签字确认，签证内容完整、翔实。现场签证做到“一次一签证，一事一签证”，必要时双方商议另行签订补充协议。当现场发生紧急变更（指施工现场突然发生的、难以预料的且需要立即作出决定的变更事项）时，在征得项目公司负责人同意的情况下，由监理单位立即主持现场变更措施，并于开始变更后7日之内办理有关变更手续。

（二）产品质量方面

电力企业认真履行电力设备选用质量把关主体责任，严把原材料入库验收、制造过程控制、成品出厂检验质量关，严格按照强制性标准及要求开展设备设计、制造、选型、招标、监理（监造）、安装、调试、运行、维护等各环节的质量控制和监督工作，对电力生产全流程进行技术监督，保障产品质量稳定、合格，符合电力系统运行要求。例如，国家电投集团黄河上游水电开发有限责任公司健全制造业质量管理体系，坚持科技创新驱动，有效应用精益管理、可靠性管理、对标管理和六西格玛等先进工具及方法，积极开展创新研究，追求工作零缺陷、质量零事故，坚持“满足用户、精益求精”的工作理念，将精益生产的管理思想应用到各环节。

三、市场交易领域

（一）电力交易方面

电力企业严格执行市场主体准入标准、准入程序和退出机制，按照政府主管部门发布的市场规则依法组织电力交易。电力交易机构独立规范运行，严格按照发电企业、售电企业准入条件审核注册材料，严禁不符合条件的发电企业、售电企业进入电力市场。不干预用户自主选择售电公司，不限制售电公司公平参与市场竞争等。根据市场主体在电力交易平台（包括中长期及现货等）上达成的交易结果和执行结果，出具电量电费、辅助服务费及输电服务费等结算依据。例如，国家电网有限公司北京电力交易中心积极推动上线运行交易平台合规风险监测功能，将合规要求和防控措施嵌入36个重点环节，持续提升合规风险的预警能力。

（二）招投标管理方面

电力企业严格遵守招标采购法律法规，完善采购评标规则，保证采购程序合法、结果公平公正公开，严禁“应招不招”“化整为零”，或者以不合理条件限制、排斥潜在投标人等行为，健全供应商资信调查和信用评价机制，推进阳光采购、公正招标。

华电江苏能源有限公司：以“互联网+”赋能采购合规性管理

华电江苏能源有限公司以“规范、高效、合理”为总体要求，高度重视采购管控合规性，搭建区域集采管控平台，通过优化组织结构、规范业务流程、明晰职能权责、规范评审细则、强化供应商管理、设立商务监督专家抽取模块、加强过程监督等形式，将“互联网＋”赋能企业采购合规管理，实现采购管理的全流程合规性管理。

1. 定机制，构建合规化采购体系。一是完善制度体系，推动采购规范有序。修订及完善《规范化采购流程》《采购管理操作实施规范》等13项规章制度，明确基层单位在项目预算、采购文件编制、资质条件选取、评标办法等方面的规范性要求。二是完善监督机制，推动部门协同作战。数字化采购平台实现多部门协同管控，资料审查流程透明可视，切实提升各部门的能动性。采购部门内部职能相互监督，建立了流程环环相扣、制约时时在线的相互制衡、相互监督、权责明确的采购体系。

2. 控流程，确保合规机制有效落地。一是完善审核流程，明晰职能部门权责。规范编制项目采购文件审查表、竞谈和询价采购结果审批表等，明晰采购主体权责。强化采购规范化审核，明确职责分工，有效保障了采购业务的规范实施。二是完善评审流程，确保评审规范有序。数字采购平台实现了评审流程的数字化，竞谈专家网上抽取，切实保障了评审流程的公平公正。三是完善过程管控，切实强化供应商管理。实时更新完善禁止交易名单，推动区域内供应商管理的互联共享，有效提升采购质量。

3. 建平台，全面固化采购合规流程。一是加强合规性资料的培训，便于各级采购人员及时学习、掌握合规性管理要求。二是加强全流程的合规性管理，推动采购全流程信息化管理，确保采购工作全程可追溯。三是加强采购项目的竞争性，根据供应商评级和动态量化评价结果引导采购，营造更加充分的市场竞争环境，降低了采购成本。四是加强采购事后监督管理。采购平台直接监控到采购合同的执行阶段，确保合同实施与采购同步。

（三）关联交易方面

电力企业加强对关联企业之间交易的合法合规性审查，部分电力企业制定内部关联交易制度，明确规定关联交易的决策权限、决策程序、信息披露等内容，防止出现利用不正当关联交易损害股东和相关方合法权益的情形。上市公司严格按照证监会及交易所的规定履行信息披露程序，防范合规风险。

（四）反垄断方面

电力企业严格遵守《中华人民共和国反垄断法》，禁止滥用市场支配地位，依法实施经营者集中，排查本专业领域的垄断风险。强化反垄断合规风险评估，完善反垄断合规应急预案，建立健全反垄断合规体系。积极配合反垄断执法机构调查，依法运用承诺制度、宽大制度、豁免制度、合规无罪抗辩制度等，维护企业的合法权益。

（五）反不正当竞争方面

电力企业严格遵守国内外反不正当竞争的规定，针对各个交易环境建立有效的跟踪与监测体系，有效识别和应对跨机构、跨行业、跨国内外市场的不正当竞争风险。

四、投资并购领域

电力企业在企业改制、上市、投融资，以及其他投资并购工作中，加强尽调、决策、签约、权属变更等过程风险管控，依法进行清产核资、财务审计与资产评估，严格财务审批和资金支付流程，严格执行投资负面清单管理要求，分类制定管控规范标准，确保投资并购项目决策、实施过程、执行结果合法合规。以下述公司为例：

国家电投集团北京电力有限公司聚焦投资决策和工程管理两个重点领域的关键环节，分别制定风险识别清单、岗位职责清单、流程管控清单，并将 3 张清单有机融合，形成重点领域合规审查单，嵌入流程，实现合规要求流程化、合规职责岗位化、合规操作表单化、合规表单信息化，将合规工作从企业侧、业务侧、部门侧向岗位侧延伸，面向投资决策和工程管理各岗位提供合规工作的多角度、多维度支持，确保员工能够清晰了解需遵循的集团员工基本行为准则、公司专业业务领域合规义务，以及与其关联的关键事项和流程节点的关键合规要素，解决各岗位员工需要“合什么规”“在哪合规”及“如何合规”的问题，帮助全体员工“知规、识规、合规”，强化全员合规意识，提升重点岗位合规素养。

协鑫能源科技股份有限公司为促进公司健康发展及投资的规范化运作，规避投资风险，制定了《对外投资管理制度》《生物质发电项目开发指引》《燃机发电项目开发指引》《风电发电项目开发指引》等一系列投资管理制度，规范了投资评估、决策及投后管理程序和权限；同时，在投资评审过程中充分发挥风险管理委员会等专业委员的专业判断和决策优势，提高投资决策的科学性，切实防范重大投资风险。

国网英大投资管理有限公司：以法律合规管理保障业务稳健开展

国网英大投资管理有限公司紧扣国家电网“一体四翼”发展布局，聚焦主业、产业、金融板块资产管理需求，发挥金融背景优势，深化法治企业建设，以自有资金为引导，服务不良资产管理、低效无效资产处置、集体企业改革，妥善吸收、化解各类因政策要求、经营发展等带来的资产处置风险，不断提升依法合规经营管理水平，推动企业法治建设取得长足进步。

1. 高质量开展法律合规事务，牢牢守住依法合规底线红线。一是建立支委会、董事会、总办会决策机制，成立立项审查委员会、投资决策委员会、风险合规管理委员会和规章制度管理委员会，为公司依法合规经营提供专业保障支撑。二是形成包含国网通用制度、集团管控制度、公司自有制度3大类，涵盖公司治理、业务管理、风险合规、财务管理等13小类近200项制度体系，建立制度滚动修编工作机制，根据经营管理实际和业务发展，不断完善制度流程，确保制度的适用性。三是严格落实重大决策合法合规性审核应审尽审工作要求，明确工作流程与职责分工，强化合同全流程管理，有效管控合同风险。四是细化案件处理流程，有效运用重大重要案件会商制度，提升司法案件的处理能力。

2. 聚焦“三大攻坚战”，协同法律资源保障业务稳健开展。一是在金融风险处置方面，针对项目特点，一项一策制定处置方案和工作计划，协同内外部法律资源，及时查封冻结资产，增加保障措施，综合运用多种手段，加快司法处置，参与破产重整，持续清收回款，重点项目取得标志性成果，保障金融单位轻装上阵。二是在攻坚存量资产盘活方面，聚焦存量资产盘活市场建设，着力打造存量资产盘活长效机制，针对试点单位积极开展合作，充分发挥平台优势助力国有存量资产盘活利用。三是在服务国资央企改革方面，积极发挥公司专业化资产处置平台作用，参与方案顶层设计，提供专业服务支撑，助力国家电网有限公司做好重点领域改革改制和专业化整合工作。

五、财务税收领域

电力企业依据企业实际情况，制定切实适用的财务管理制度，规范执行财务事项审批和操作流程，对长期资产、流动资产、成本费用、资本金和负债等进行重点管理，完善内部控制体系。密切关注境外项目税收政策变化，严格按照所在地区相关法律法规缴税，切实做到财务税收合规。以下述公司为例：

大唐长春第二热电有限责任公司开展纳税问题专项治理工作，全面复盘2016年以来缴纳税收的情况，复核计税依据、适用税率等事项。从业务源头合规性入手，深入排查和掌握税务风险点和薄弱环节。重新修订了企业税务管理手册，聚焦所得税、增值税、印花税、个人所得税等主要税种，学习借鉴各单位税务自查中存在的风险点，举一反三地梳理风险事项，做好企业税务合规管理。与政府部门、税务机关积极沟通汇报，财务部成立政策研究小组，实时关注国家和地方税收政策的新动向，研究与行业、困难企业有关的优惠政策，在保证合规的基础上，落实房产、城镇土地使用税减免政策，全力争取政策增收。对税务筹划工作开展自查，对享受的优惠政策进行梳理，依法用好、用足减税降费政策，并保持规范运作，坚决杜绝违法套取税收优惠和财政补贴的行为。

六、知识产权领域

电力企业结合科技创新与知识产权保护实际，定期开展知识产权合规风险排查，明确合规管理的重点问题及重要环节的合规风险点，开展知识产权风险监测和预警。完善制度管理要求，规范知识产权创造、运用、保护、管理和权属等流程，实现知识产权管理与项目管理有效协同。以下述公司为例：

中国三峡出版传媒有限公司是中国长江三峡集团有限公司出资设立的全资子公司，主要负责完成集团各项新闻宣传任务，开展媒体联络、品牌建设与对外传播等工作。为加强知识产权合规管理体系的构建，中国三峡出版传媒有限公司制定了《新闻采编业务规范手册（试行）》《新闻宣传口径规范管理手册（试行）》《〈中国三峡〉编辑出版手册》等工作手册，推进了新闻生产合规管理标准化建设。此外，还通过印发《媒体资产系统管理办法》《声像资料整理入库实施细则》，规范管理公司业务工作中形成的自有知识产权；通过建立已购买素材使用权台账，对非自有知识产权进行实时维护。在知识产权使用合规上，公司通过推进素材集中采购、妥善处理纠纷、及时取得合法授权等方式，防范控制风险。

南方电网能源发展研究院有限责任公司：探索知识产权合规管理

南方电网能源发展研究院有限责任公司以知识产权合规管理风险现状为出发点，建立健全知识产权创造、运用和转化的全流程合规管理，规范知识产权管理制度体系、运行体系和风险防范机制，从多重维度全面完善合规管理的具体措施，实现对知识产权合规风险的有效识别和管理，使知识产权经济效益最大化。

1. 排查重点风险。对所属业务单位全面深入系统开展知识产权合规风险排查，聚焦项目知识产权管理的突出问题和薄弱环节，明确合规管理的重点问题及重要环节的合规风险点，发布《关于加强对外出版著作等职务作品管理工作的通知》，规范著作权的风险管理。

2. 强化运行管控。发布《知识产权管理领域合规风险防范指引》，定期开展知识产权风险排查、监测和预警，建立事前风险评估、事中风险监测预警、事后救济相结合的风险管理机制。

3. 发挥监督合力。持续巩固监督发现问题信息共享机制，常态化共享职能监督、内外部审计、纪检、合规等专业监督知识产权管理情况，推动各类监督主体贯通协调形成合力。

4. 完善制度管理基础。规范知识产权的创造、运用、保护、管理和权属等流程，实现知识产权管理与项目管理有效协同；压实职能部门和业务单位知识产权管理职责，将控制措施嵌入重点难点环节、岗位职责，夯实知识产权合规管理“三道防线”，形成联动合力；通过建立岗位分红激励方案健全激励机制，明确知识产权作为岗位分红指标，激励创新活动。

5. 加强文化建设。采用“专题 + 重点 + 常态”宣传模式，定期更新知识产权领域法律法规汇编，建立典型案例库，开展专题培训，进行知识产权专题系列常态宣传，构建内容新颖、形式多样的宣传矩阵，营造尊重科技创新、重视知识产权保护的良好氛围。

七、数据管理领域

电力企业一方面按照《民法典》《网络安全法》《数据安全法》《个人信息保护法》等有关法律规定加强数据保护，正确处理数据合理利用与数据保护的关系，提高了数据的利用价值；另一方面协调统筹推进数据合规管理体系建设，明确各环节合规要求，强化合规风险管控，保障了数据从采集到利用的全过程合规。以下述公司为例：

国网山东省电力公司制定《网络安全管理办法》《数据合规管理指导意见》《数据共享应用管理实施细则（试行）》，明确数据合规管理职责与具体要求，确定数据分类分级、数据安全管理、个人信息保护、数据共享、对外开放等通用规则，规范数据活动，确保数据全生命周期合规管理规范化。

国网天津市电力公司制定战略落地模式，将数字智能作为核心能力之一，强化数据生产要素作用，提出“12410”数字化信通战略体系，形成“总部—省公司—基层单位”三级数字化转型战略实施模式，从数据战略上推动数据发挥价值。

广东电网有限责任公司作为全国首张数据资产凭证的数据提供方，前瞻性地探索电力行业的数据合规，编写形成全网适用的数据合规指引。从数据主体的角度划分了5类主要的数据类型，从数据管理的一般性流程及典型应用场景两个维度，明确各类型数据的合规义务，与公司制度一道构筑起公司数据合规管理的“四梁八柱”。

八、国际化业务领域

电力企业坚持以法律风险可控、管控能力可及、经济效益可观的原则开拓海外业务，不断完善境外项目的规划、投资、建设、运营、风险管控等相关管理机制和规章制度体系，深入了解东道国的政策法规，依法履行境外项目的审核流程和手续，健全法律风险排查处置长效机制，强化风险管理协同机制，持续开展国际规则、相关国家法律和反制“长臂管辖”法律问题研究，加大风险管控的培训与宣传，强化风险意识，加快促进法律管理与经营管理的深度融合，为企业筑牢法律“防火墙”，确保境外项目依法运作及境外资产运营安全，确保企业走得出、走得稳、走得好。以下述公司为例：

国家电网有限公司明确要求并推动加强境外子企业合规人员配备，围绕境外投资、能源监管、出口管制等开展境外法治规则研究，积极践行“一带一路”廉洁合规倡议，持续巩固境外合规良好声誉。国网国际发展有限公司编制《境外电力资产法律合规国别指南》，国家电网海外投资有限公司编制《境外合规操作指引》，提升境外业务法律合规风险防控能力。

国家能源投资集团有限责任公司着力强化境外投资全生命周期管控。建立健全覆盖项目遴选、立项、决策、建设、运营、退出6个阶段的“2+2+N”境外投资风险与合规管控制度建设，强化全生命周期风险管控；开展《境外业务风控合规管理手册》等制度配套管理工具建设，包含风险管理指引和中企境外风控合规典型案例，为国内同行首创；深化境外反腐败合规重点领域合规管理，加强源头管控，切实防控潜在风险。

中国长江三峡集团有限公司统筹推进境外合规重点专项工作。认真部署境外项目全面自查自纠，采取妥善措施积极化解风险及隐患问题。密切跟踪境内外制裁动态，积极推进制裁黑名单筛查系统建设，及时提示制裁风险，并统筹协调有关部门、单位有序开展应对工作。组织开展RCEP等国际规则专项研究，持续深化欧美出口管制与经济制裁、反商业贿赂、世界银行制裁等重点领域的法律法规政策研究，编制出口管制、经济制裁、多边银行制裁等重点领域的法律解读或合规指引，开展多边机构制裁、ESG合规等重点领域的国际规则交流与培训，持续做好境外业务风险防范应对。

浙江省能源集团有限公司针对合规风险较高的境外业务领域，编制出台境外业务合规“一制度五手册”，实现合规管理制度体系的迭代升级。其中，《境外业务合规指引手册》分为总册和分册两部分，总册部分对合规指引的制定目的、作用和基础要点进行了阐释。分册部分则按照集团主要开展或重点关注的境外业务类型分成境外投资、境外工程建设、对外贸易和境外公司经营四项分册，分别阐述各境外业务活动的业务流程、主要合规要素、合规管控关键点、主要部门和合规职责，穿插案例分析、合规规则和政策信息的介绍，使合规指引手册的内容更通俗易懂且科学可行。

南方电网云南国际有限责任公司坚持将法律合规风险防控关键节点融入项目开发流程。对老挝、缅甸、越南、柬埔寨 4 个国别在工程承包、投资、贸易、劳务、财税等领域的相关规定进行系统梳理和研究，尽可能全面准确地掌握禁止性规定，明确业务红线、底线。围绕电网互联互通及跨境电力贸易、境外项目投资、境外工程承包、技术及管理咨询 4 个业务板块，梳理形成常用法规库和国际业务主要合规义务清单，编制项目各阶段清单式合规指引。坚持将法治要求嵌入经营管理及业务流程中，认真开展项目合法合规性论证和尽职调查，定期对境外业务风险状况进行梳理排查。

中国大唐集团海外投资有限公司加强了境外投资反腐败合规风险管理。一是定期组织识别境外投资反腐败合规风险，对照企业风险管理指标体系，对境外投资反腐败合规风险发生的可能性、影响程度、潜在后果等进行系统分析和评估，对可能产生较严重后果的风险及时发布预警，制定和实施合规风险防控措施。二是将业务所在国对反腐败、反贿赂的规定纳入全体员工行为规范，定期对腐败、贿赂高发的业务领域开展内部审计，宣传贯彻营造反腐败、反贿赂文化。三是抓实境外反腐败合规重点领域管理，明确境外投资管理流程，将风险、合规审查等纳入投资管控关键节点。四是坚持境外采购公开竞争性的原则，强化供应商的背景调查，并通过签署廉洁协议或在相关协议中加入反腐败、反贿赂条款等方式，最大限度地避免腐败、贿赂风险。

国家电力投资集团有限公司：突出抓好境外合规

国家电力投资集团有限公司进一步优化境外投资合规治理体系，定期开展境外法律合规风险排查整改，加强出口管制等重点领域的合规管理，超前研判投资贸易领域斗争新动向，提前做好应对准备。

一是发布《国家电力投资集团有限公司涉外法治工作方案》。围绕健全涉外法治制度体系、工作机制、加强重点领域涉外法律合规风险管理、加强涉外法治人才队伍建设等重点内容确定了 33 项行动，明确了责任部门和单位，建立了月度督办机制，指导涉外二级单位有效管控境外法律合规风险。

二是定期开展境外法律合规风险排查整改，完善重大项目法律合规人员全程参与机制。组织对所有涉外单位和业务进行排查，共发现法律合规风险和违法违规问题35项，建立整改跟踪台账，已完成整改34项。指导中电国际全面梳理境外投资业务管理流程，形成《境外投资合规手册》《境外投资岗位合规手册》，将合规要求和风险防控措施嵌入业务流程，切实防范境外投资风险。完善境外业务法律合规审查全覆盖和重大项目法律合规人员全程参与机制，24家涉外二级单位实现了重大项目法律合规人员全程参与，有效推动风险防控措施落地，形成闭环。

三是加强出口管制等重点领域的合规管理。选取国核铀业作为试点单位，从体系搭建、引入理念、融入业务、工具落地4个方面构建出口管制合规体系，结合具体业务场景制定出口管制要素矩阵，明确合规审查程序、标准及审查重点，坚持将出口管制合规审查贯穿营销、签约、物流和结算等全流程。针对反腐败合规风险，全面梳理美国政府发布的反腐败法案和文件，调研重点单位，召开专题会议分析对企业境外业务的影响，并提出具体的应对措施和建议。

四是超前研判投资贸易领域斗争新动向，提前做好应对准备。对国有企业国际规则进行深入研究，结合国家电力投资集团有限公司业务的实际情况，形成应对全面与进步跨太平洋伙伴关系协定（CPTPP）国企议题挑战专项研究报告，提前应对我国加入CPTPP后可能带来的各项挑战。密切跟踪政府采购协定、中欧双边投资协定等国际重大条约、协定的进展动态，中电国际结合集团业务实际分析区域全面经济伙伴关系协定（RCEP）对集团业务的影响，形成RCEP实施对集团带来的挑战和机遇分析报告。开展境外工程项目合规体系建设研究和境外合规风险指引编制工作，进一步认识和把握风险形成规律，提升风险管控能力。

九、劳动用工领域

电力企业严格遵守劳动和社会保障法律法规及企业规章制度，加强劳动合同、劳务派遣、工作签证等管理工作，推动员工签署合规承诺（声明）。健全劳动用工管理制度，加强劳动用工计划管理和劳动者信息台账管理。创造公平公正的劳动氛围，确保工资待遇、考核、培训、休假等各项劳动保障措施落实到位，积极构建和谐稳定的劳动关系。

例如，中国核工业集团有限公司注重源头治理，着力加强劳动争议案件应对处置、着力健全劳动用工规章制度体系、着力防范化解劳动用工法律风险。借助一手抓劳动争议案件妥善处理，一手抓劳动用工规范管理提升，双管齐下、齐头并进，切实提升劳动用工规范化管理水平。建立劳务派遣“三审三定”管理要求、劳务外包（或称业务外包、服务采购）“三核三严”管理要求、临时性用工“三道防线”，严格借调、挂职、返聘三类重点临时性用工人员管理要求，规范用工管理特别是非标劳动（劳务）用工方面的管理，有效稳定了劳动用工和生产运行秩序。

第三节　主动维权能力

电力企业落实法治央企建设要求，积极配合电力行政执法，加大法律纠纷案件处置力度，综合运用诉讼、仲裁、调解等多种手段妥善解决争议纠纷，探索建立内部纠纷调解机制。加强历史积案清理，健全激励机制，深化案件管理“压存控增、提质创效”工作，加强典型案件分析，及时发现管理问题，堵塞管理漏洞，推动“以案促管、以管创效”。按照《信访工作条例》等有关要求，积极开展信访法律保障工作，从源头化解矛盾，积极采取措施进行舆情管理。

一、涉电行政执法

电力企业积极参与政府部门的联合执法行动，依法制止影响人身安全和电力设施安全的行为，及时消除安全隐患；充分利用当地电视台、公告栏及新媒体等渠道，加大安全用电的宣传引导，积极动员配电线路周围的群众开展群防群治活动，通过协同联系等方式，及时发现并排除人身安全风险隐患，切实履行电力企业的责任；积极推动各级政府部门履行电力行政执法的主体责任，落实联合执法机制，打击盗窃、破坏电力设施、输电线路走廊植树建房、阻碍施工、窃电等违法行为，强化行政执法效果，保障电力设施安全，维护供用电秩序。

云南电网有限责任公司：推进电力行政执法

云南电网有限责任公司把推动、配合电力行政主管部门开展电力行政执法作为一项重要工作常抓不懈，在配合地方立法、推进战略合作、完善执法机构、提供技术支持等方面不断推进电力行政执法制度、体制、机制创新，形成了一整套成形的模式、制度、机制和工具方法。

1. 推动地方立法，完善执法依据。2018 年 10 月，昆明市工业和信息化委员会印发《昆明市电力行政执法程序规定》。2020 年 12 月，迪庆藏族自治州人民政府办公室印发《迪庆藏族自治州供用电管理规定》《迪庆藏族自治州电力行政执法工作规定》。以上规定的颁布执行为电力行政执法提供了及时、有效的法规及政策依据。多年来，云南电网及所属各单位协调地方政府出台有关地方性法规、规章和其他规范性文件等共 220 余件。

2. 签订战略合作协议，明确执法要求。2022 年，云南电网与怒江州政府完成战略合作协议签订，标志着云南电网与云南省内 16 个州市政府实现了战略合作协议签订的全覆盖。战略合作协议中均明确约定了电网建设通道规划、线树妨碍处理、山火防范等治理安全隐患的行政执法内容。随着协议条款的落实，电力设施保护和安全隐患排查整治工作机制日益完善，电力营商环境不断优化。

3. 成立执法机构，完善组织保障。一是政府各级电力主管部门成立执法办公室，履行电力行政执法职能。2018 年 10 月，昆明市工业和信息化委要素保障处加挂了“昆明市电力行政执法办公室”牌子，履行了电力行政执法职能。2021 年 3 月，楚雄州发改委设立“楚雄州电力行政执法办公室”，明确了执法机构及职责。二是成立联合执法机构，推动多个行政部门开展电力联合执法。各级地方政府按照《云南省电力设施保护条例》和国务院有关规定，成立由政府分管领导任组长，供电企业领导任副组长，发改、公安、工商、林业、国土资源、城建和供电企业等为成员单位的电力行政联合执法领导小组，领导小组下设办公室，办公地点在各供电企业。各级电力行政联合执法办公室按照《行政许可法》《行政处罚法》《行政复议法》等相关法律法规的要求，建立和规范电力行政执法程序。三是供电局成立技术支持办公室，为电力行政联合执法提供技术支持。2019 年 1 月，昆明供电局成立了“昆明局电力行政执法技术支持办公室”，负责为电力行政执法提供技术支持。2021 年，楚雄供电局也成立了电力行政执法技术办公室，协同除隐患、保安全。四是成立打击涉电违法犯罪中心。各供电单位成立打击涉电违法犯罪中心（涉电办），配合公安机关打击涉电违法犯罪行为。该机构已设至县级，为打击盗窃、破坏电力设施等违法犯罪行为作出了重要贡献。

二、法律案件管理

电力企业不断提高对法律案件管理的重视程度，细化管理路径，健全法律案件管理机制，提升主动维权能力，有效维护了企业生产经营成果。在案件管理方式方面，利用司法大数据中心的数据优势，加强了对案件趋势的前瞻和研判。在案件管理组织体系方面，各级企业主要负责人切实履行法治建设第一责任人的职责，将案件管理工作纳入公司发展全局统筹谋划。在案件管理工作机制方面，持续健全统一管理、分级负责的案件管理体系，压实案发单位的主体责任，不断强化事前风险防范，积极做好事中控制、事后处理，切实维护自身合法权益。以下述公司为例：

国家能源投资集团有限责任公司深入开展“压降法律案件，促进管理提升”专项工作，深入开展重大案件分层挂牌督办，2022 年全集团案件总件数和总金额较 2021 年实现双降，历史遗留案件清理结案过半。

中国长江三峡集团有限公司针对历史遗留案件，制定周密的处置督办计划，明确责任单位、责任人、处置方案、完成时限等事项，上下协同、多维推进，有力推动了案件的妥善处置，存量案件办结率达77%。

国网山东省电力公司建立新发、结案、在审、重大及重要案件分级分类管控机制和案件会商制度，提升案件精细化管控水平。在德州、莱芜公司试点案件追责机制，加大案件管控处置力度，全力推动“以案促管”取得实效。制定国网系统首个《“模拟法庭”常态运行管理办法》，举办模拟法庭演练16次，形成重大疑难案件模拟法庭演练机制。潍坊公司促请市中级人民法院统一触电人身损害赔偿案件裁判标准，推动触电案件同案同判。

国网重庆市电力公司扎实开展“以案促管”及劳动用工案件压降专项行动，分析、比对公司近3年的案件，制定6类8项风险防范措施，建立重点管控案件清单，推行案件“说清楚”制度。创新采取支付令进行小额电费催收、公证“区块链”法律服务试点等法治实践。

国网辽宁省电力有限公司制定《依法主动维权工作指导意见》，建立各级单位计划式主动维权机制，明确各专业主动排查其业务领域中合法权益受损的责任，区分物权、债权、知识产权及假冒国企等情形，细化非诉讼维权途径及措施，规范了由非诉讼维权转至诉讼维权的衔接流程。分类分批确定维权计划，通过非诉讼方式解决了大量用户欠费、肇事撞杆等权益受损问题；通过支付令、主动起诉、申请先予执行等诉讼方式，坚决打击恶意欠费、线下种树、阻挠施工等侵权行为，加强主动维权促合规工作成效显著。

广西电网有限责任公司联合司法厅构建多元化矛盾纠纷化解机制，成立29家电力行业人民调解委员会，联合地方法院成立12家诉源治理工作站/诉调对接中心/诉调工作室，积极发挥“涉电纠纷调解平台、电力普法宣传平台、政企合作示范平台”3个平台示范的引领作用，扩大“朋友圈”，构建了多方参与、社会协同，集电力普法、矛盾纠纷调解于一体的电力纠纷矛盾解决网格，积极打造新时代“枫桥经验”。

国网福建省电力有限公司：深入推进“以案促管”主动管理模式

国网福建省电力有限公司全力摸清案件反映企业管理问题底数，强化类型案件分析，举一反三研判企业运营管理环节的潜在风险，常态化开展法律风险管理提示，2022年有效遏制过错失责案件的增长势头，通过陈年积案主动维权治理，共计挽回损失6300多万元，实现案件创造价值的目标，促使案件处理真正服务于企业中心工作，助力企业经营合规管理水平的提升。

一是全力推动重大重要案件处置。深化重大重要案件“说清楚”机制，将公司新发类型案件、陈年积案、公司存在较大败诉风险的相关案件纳入清单重点管控。

根据发案情况，公司逐月更新管控清单；动态调整案件重点管控方向，每月向公司领导呈报新发案件情况，结合公司领导的批示内容，联合专业部门，组织案发单位召开专题案件推进会；强化陈年积案的攻坚克难，公司要针对积案“一案一策”落实化解措施，开展阶段性管控专项分析，2022年全年公司积案化解率达84%。

二是大力提升主动维权质效。开展依法主动维权专项行动。重点推进拖欠电费缴纳、计量差错追补、违约用电救济、工程款拖欠、物资合同瑕疵履行、电力设施致损、房产价值回收等7类事项维权。创新案件处理激励机制。按月统计诉讼数据，将主诉止损率、执行追回率、律师函追回率等主动维权工作成果纳入公司提质增效、创利金额的统计范围，通过创新激励机制确保案件管理创造价值得以体现。落实维权成效。梳理近年来维权未执行完毕的案件，在诉榕屏化工公司案件中，灵活运用执行规则，通过法院裁定“以物抵债”方式挽回电费损失。

三是确保劳动争议及触电案件得以压降。深入开展劳动用工管理。开展劳动争议管理情况自查及历年案件分析诊断，对退休退养认定、工伤纠纷认定等10个专题开展要点分析，形成《劳动人事争议案件仲裁及诉讼业务操作指引及证据清单要素参考》等成果。持续开展触电隐患排查治理，组织开展配网运维专项提升行动，完成全省全量10千伏及以上线路电力设施保护区依法划定。

四是全面构建“以案促管”长效机制。定期编制《案件分析报告》，深入剖析案件背后的管理漏洞和法律风险，以“一册两书”（案件管理清册、法律风险提示书、管理建议书）为抓手，滚动更新整改案件形成管理问题清册。加强事中跟踪指导，召开分管领导主持的案件反映专业问题专题分析会，针对变更用电办理、电费电价执行回收等风险点，牵头涉案部门逐一说清案件反映问题整改及风险防控情况。

三、非诉纠纷管理

电力企业积极开辟纠纷解决新路径，在企业内部建立调解机制，充分利用司法行政系统调解，发挥私力调解与公力调解联动作用，促进纠纷平稳解决。充分利用新媒体、新技术等手段，及时感应矛盾的存在，精准有效介入矛盾处理，避免纠纷扩大化，创新非诉方式解决纠纷矛盾，为企业提质增效、和谐发展护航助力。以下述公司为例：

中电联司法鉴定中心和电力纠纷调解中心充分发挥行业协会作用，鼓励、引导企业和民众通过调解方式解决涉电纠纷，推动“鉴调一体化”工作模式，着力化解各方矛盾，降低损失，节省成本，缩短周期。2022年，中心成功开展电气火灾原因、少计电量电费、配电工程质量、新能源发电效率、锅炉设备有效蓄热量、变压器事故原因等方面的鉴定，有力维护了行业公平正义和当事双方的合法权益，并对多起涉电矛盾纠纷进行调解，推动电力纠纷源头化解、多元化解。

国网江苏省电力公司促成地方法院出台公司系统首部涉电协助执行司法文件《关于建立涉电协助执行联动机制的实施意见》（以下简称为《意见》）。该公司系统首次明确了供电企业在配合停电、办理过户、冻结债权等过程中的重要问题，《意见》限定了协助停电范围，明确了用电设施权属，加大了电费保护力度，同时简化了涉电执行程序，并在确保程序规范的基础上，明确协助执行时应送达的文书材料，畅通线上材料的沟通渠道，提升双方协作的便捷性。

四、信访舆情管理

电力企业根据《信访工作条例》的相关规定，以加大投入、多元化解、强化监督为手段，积极稳妥地解决涉法涉诉信访案件，运用法治手段统筹推动信访处理工作，提升信访工作法治化管理水平。例如，国家电投集团黄河上游水电开发有限责任公司积极配合集团公司开展不稳定因素排查工作，落实关键时期“零报告”制度，及时处理了集团公司及青海省信访局转办的信访事项。

在舆情管理方面，电力企业利用信息技术手段加大对公众舆情的监测，遇有谣言、诽谤，及时公布信息解决群众疑问，缓和群众焦虑，畅通公众质疑及问答渠道，直至采用法律化手段予以解决，不让舆论埋没理性与正义。

第四节　数字化法治能力

随着电力企业数字化转型的加快推进，法治合规工作的数字化转型势在必行。《法治中国建设规划（2020—2025 年）》明确提出，要加强法治的科技和信息化保障，充分运用现代科技手段，全面建设“智慧法治”，《中央企业合规管理办法》也对合规管理信息化建设提出了更高要求。近年来，电力企业将大数据、人工智能、云计算等新兴技术与法治合规工作场景深度结合，逐步实现合同管理、案件管理、风险控制等法治合规业务“上云”，推动数字化转型与法治企业建设深度融合、双向赋能，助力企业高质量发展。

一、数字化法治系统建设

部分电力企业搭建数字化法治企业建设平台，以“聚焦、赋能、智慧、共享”为理念，强化内外部法律资源集约整合和共建共享、建立完善法治合规信息系统，强化合同管理等管控系统与财务等信息平台的关联，依托信息化手段提升法律合规审核的刚性约束，切实防控法律合规风险。部分电力企业信息化的手段及效果见表 4 – 2

表4－2　部分电力企业信息化的手段及效果

企业名称	信息化的手段	信息化的效果
国家电网有限公司	数字化法治企业建设平台	搭建数字化法治企业建设平台，集合法治管理决策、法律事务管理、法律服务支撑等核心功能，完成与财务系统、ERP系统、电子商务平台、新能源云等前端应用系统的互联互通，实现企业数据与信用中国、司法裁判等外部数据的集成贯通，实现法治业务预警监测和实时反馈，持续提升法治数字化建设水平
中国华电集团有限公司	内控合规风险一体化管理信息平台	按照“顶层设计、统一建设、试点先行”的思路，分阶段推进一体化管理信息平台建设，实现内控合规风险制度管理信息化、内控合规监督评价信息化和风险评估信息化。坚持问题导向，梳理最新监管要求和近年来巡视、审计等内外部监督检查发现的问题，设计内控合规要求嵌入业务管理信息系统的规则和一体化管理平台的风险监控预警指标，推动“多点联控”和“中心管控”，通过“技防技控”促进依法合规经营、提升风险防控能力
中国大唐集团有限公司	“三重一大”决策运行系统与“三会”业务系统	构建了贯通集团公司系统各级企业的全面预算、资金调度中心、“三重一大”决策运行、法务合规管理、电力市场营销、境外机构及人员管理、财务共享、安全生产管控等国资监管和集团管控信息化系统，拓展了集团数字化运营平台、“三重一大”决策运行系统、“三会”系统、法务合规管理系统、全面预算系统、企业资源管理系统、财务共享系统之间的数据共享和流程衔接范围
国家电力投资集团有限公司	数字法治管理系统	建立数字法治管理系统，覆盖法治建设各项业务，能够支撑法律、合规、风险、内控基础管理和协同运作，实现了法治建设和合规在线考核。将合规风险库、境外合规、合规评价、违规举报、违规行为记录、合规数据采集、合规知识库等作为单独模块纳入数字法治系统优化升级，同时优化完善内控、风险模块的内容和功能，推动法律、合规、风险、内控协同运作落地
南方电网供应链集团有限公司	权责清单智能检索模块	完成“权责清单智能检索模块”V1.0版的设计开发，部署权责清单多重条件“一键检索”、权责卡片信息展示、权责卡片下载保存、历史权责清单查询等主要功能，实现权责清单应用化繁为简、想查就查、智能筛选；通过手机端“权责清单智能检索模块”实现权责清单“随时随地智能检索”；持续升级版本，分批次上线历史权责清单查询、行权依据文件关联、公司治理管理知识普及等进阶功能，进一步拓宽模块应用场景；显著缩短干部员工获取最新版权责清单路径、提升权责事项查询筛选效率，有效解决权责清单应用痛点问题，运用数字化技术打通公司治理落地“最后一公里”

续表

企业名称	信息化的手段	信息化的效果
广东电网有限责任公司	全域赋能的电力数字法治平台	建成面向实际、用在基层的电力数字法治平台，实现合同、案件、风险、合规、普法、运监、知识库、综合管理8项法治合规应用的全面覆盖，推动法治合规管理在电脑端、移动端、话务端“三端”智能融合；迭代升级合同管理系统、电力法知识库、“云上法律顾问”系统等智能化应用，提供内容完备、持续更新的知识库、规则库、问题库，支撑对经营管理行为的在线分析与及时处置；围绕合规管理全过程管控链路，嵌入自主开发建设的“全时域、全业务、全流程”智慧合规应用，形成基于流程、根植岗位的法律、合规、风险、内控一体化运作模式

二、数字化法治应用

部分电力企业开展智慧法律科技建设关键技术探究，持续推动区块链、人工智能、大数据、移动互联网等新技术在公司法律合规管理中的应用，积极探索法治建设数字化和智能化转型升级。以下述公司为例：

中国华电集团有限公司以实施“合同全生命周期”规范化管理为重点，针对巡视、审计、合同管理交叉互查等内外部监督检查发现的薄弱环节和突出问题，开展合同管理专项提升工作。升级ERP合同管理系统，强化合同管理系统与相关业务信息系统的互联互通、融合协同，提高关键环节自动核验与智能化在线预警水平。

云南电网有限责任公司在南方电网内率先提出“智慧合同”新概念，构建了基于NLP（自然语言处理）算法模型的合同智能审查系统，对合同中当事人基本信息、标的物、数量、质量等合同要素共计68项审核规则进行智能审查。

广东电网有限责任公司创新打造智慧普法与法律服务平台，建设“现代电力法治数智云”——电力法治知识库，获国家版权局版权认证，为全员提供一站式涉电法治知识数字化服务，实现了法治数据海量检索、案件智能预判、法律意见书辅助起草、法律咨询智能问答等专业功能；自主研发普法融媒体系统，实现法治知识“一键触发，全域共享，多元分发”，开展基于重点业务领域及用户画像分析的精准宣教，强化对重要岗位关键人员柔性普法；建设省级“云上法律顾问”法律服务系统，通过打造对用户友好的法律服务交互前台、规范高效的法律工单运转中台和主动智能的法律知识支撑后台，实现法律咨询多渠道实时受理、法律意见智能定向反馈和法律知识主动精准推荐。

三峡资本控股有限责任公司：围绕“四个模块”搭建风控合规信息化体系

三峡资本控股有限责任公司以投资管理系统建设为契机，搭建了由风险评估、风险自评、风险排查、合规审查“四个模块”构成的风控合规信息化体系，并根据公司经营的实际情况，动态更新风险评估预警指标，不断完善风险排查自查模板，及时调整风险问卷关键条目，持续优化合规审查标准，做到风控合规信息化体系建设与公司发展相适应、与业务特点相契合，大幅提升了风险评估、风险自评、风险排查、合规审查等工作的信息化水平，有效发挥了信息化、数字化手段对工作质量、工作效率的支撑与促进作用。

1. 上线运行风险评估模块，实现评估问卷动态更新、评估结果在线生成。聚焦风险发生可能性和风险影响程度两个维度，设置相应评分标准，结合公司的战略规划、业务模式等，在线生成、下发风险评估调查问卷，针对不同人员的反馈结果设置不同权重，并自动生成统计结果。同时，根据公司经营发展实际与内外部环境变化，动态更新风险问卷关键条目，不断提升问卷内容的适用性与时效性，确保统计结果与问题短板、风险隐患高度契合。

2. 上线运行风险自评模块，实现风险预警贯穿投资业务全流程。针对投资立项、可研、决策、实施、投后、退出关键节点，分步梳理风险事项与风险点；围绕各类风险情形与可能造成的财物损失、运营影响，结合公司经营发展实际，上线运行并不断更新“红黄灯”预警标准；投资项目专管员定期对项目进行评定，风控专员对项目评定结果进行审核，如项目被评定为“红灯”或“黄灯”，相关责任人须按要求落实风控专员提出的管控建议，直至实现风险闭环管理。

3. 上线运行风险排查模块，支撑风险排查工作高效、高质量开展。区分上市股权、非上市股权、基金、现金资产等投资业务的不同特点，根据风险项目变化情况与风险排查重点工作，在线分类编制、动态更新、批量下发风险排查自查模板，系统将项目已有数据、信息提前关联至自查模板内，实现风险排查模块与系统内其他功能信息共享、有效衔接，切实提升了在线填写效率，为自查成果准确、及时反馈提供有力支撑。

4. 上线运行合规审查模块，切实提升投资项目档案管理的完备性与规范性。将项目各阶段的合规审查标准融入系统、嵌入流程，并以合规审查模块为基础，建立以“合规自查”与“合规检查”为抓手的档案材料合规审查机制。投资项目专管员在系统内对项目立项、决策、实施、投后、退出等过程档案材料的完备性与规范性展开自查，风控专员通过合规审查模块对项目材料进行检查，做出判断，针对未完整、规范上传材料的项目，督促项目专管员及时查缺补漏，确保投管系统内归档材料完备规范，与线下纸质档案保持一致。

第五节　文化引领能力

近年来，电力企业深入落实《关于加强社会主义法治文化建设的意见》，把学习贯彻习近平法治思想与“八五”普法规划相统一，制定年度普法工作计划，落实普法责任清单，推动“八五”普法规划落地落实。按照“制度保障、教育引导、实践养成”的总体思路，将法治文化建设放到企业发展战略全局中通盘考虑、统筹推进，着力实现法治文化融入中心工作各方面、企业管理各环节，推进中国特色社会主义法治文化在企业扎根落地，成为企业重要的“软实力”和核心竞争力。

一、法治合规理念

电力企业把学习习近平法治思想、强化合规经营理念作为党委（党组）理论学习中心组集体学习、管理人员集中培训的重要内容及“八五”普法规划的重点任务，提高各级领导干部运用法治思维和法治方式深化改革、推动发展、化解矛盾、维护稳定、应对风险的能力。运用网站、微信公众号、宣传栏等多种媒体，通过知识竞赛、论坛沙龙、交流研讨等多种形式，大力宣扬依法合规、诚信经营的价值观，推动“知法于心、守法于行”的法治文化理念深入人心，树立“人人讲合规、时时显合规、事事要合规”的合规文化理念。以下述公司为例：

中国核工业集团有限公司贯彻落实集团公司“八五”普法规划，实施全员法治素养提升行动，分层分类组织学习《应知应会法律法规清单》所列法律法规。建立健全制度化、常态化的合规培训机制，定期对重点领域、高风险岗位人员及基层一线人员开展合规培训，探索对重要岗位建立任前合规培训考核制度。

中国长江三峡集团有限公司深入落实“关键少数”带头学法制度，集团党组专题组织学习习近平法治思想，以及长江保护法、安全生产法、网络安全法等重要法律，切实发挥领学促学作用，进一步推动各级领导干部筑牢法治思维。落实全员法治培训机制，组织各部门、单位相关负责人和工作人员参加各期国资委法治讲堂，组织开展内容丰富的法治学习活动，内容覆盖新能源、长江生态环保、工程建设、质量安全等多领域，引导广大员工坚守法律底线，进一步根植法治意识和合规意识。

中国南方电网有限责任公司超高压输电公司贵阳局通过建立新制度规范、修改及完善已有制度、形成工作指引等方式，确保各项工作的开展有制度依据。加大日常生活普法，加强员工生活中可能涉及的违法监督，促进员工自觉接受法律约束，健康幸福生活。积极参与地方立法与执法体系建设，主动对接省级法治工作部门，积极参与省级法治建设评比工作，获取外部法治宣传力量和资源支持。

二、法治宣传教育

电力企业以“八五”普法为契机，扎实开展法治宣传教育工作，贯彻落实普法责任清单，利用各类普法平台，组织开展知识竞赛、交流研讨、法治宣讲等形式多样的合规宣传教育活动，提高普法宣传教育的针对性、实效性，营造浓厚的法治氛围。将法治教育纳入全员教育培训体系，明确各类主体的学习重点、课时安排和要求，持续增强合规意识，培育合规文化。以下述公司为例：

中国华电集团有限公司在“我为群众办实事”实践活动中，深入组织开展面向职工群众的法律咨询服务。系统各单位积极开展形式多样的法律咨询服务，取得了较好成效，深受职工好评。2022 年，中国华电分别在直属单位和基层企业层面选取了四川公司、龙口公司作为样板，总结形成了法律咨询服务做法经验并予以印发，供职工学习借鉴。

中国长江三峡集团有限公司广泛开展法治宣传与交流，以深入学习、贯彻落实习近平法治思想为重点，认真开展“组织一堂法治课、观看一批法治节目、开展一项法治专题解读、开展以案释法活动”等特色法治宣传教育活动。

中国电气装备集团有限公司坚持领导干部带头学法，将领导干部集中学法制度化、常态化。坚持推动面向全员的合规培训，建立领导干部带头学、关键岗位专题学、新入职员工必须学的常态化合规培训工作机制，采取党委中心组、宪法宣传周、专题培训等多种有效方式，分层分类开展法治合规宣传教育，增强全员法治意识。借助微信公众平台等载体，普及合规理念与合规工作要求，积极营造合规氛围，倡导和培育合规文化。

广东电网有限责任公司创新打造法治文化阵地集群，统筹协调各地特色法治文化错位发展，构建涵盖法治运行、法治宣教、风险管理、基层治理、公益志愿等多方面的立体式“法治文化地图”，建成广州、佛山、东莞、肇庆四大展厅，两个全国民主法治示范村，三个电力法治书屋和一个“城市法治会客厅”。以系列主题普法宣教为主线，将各阵地连点成线，推动法治文化与红色文化、传统文化、地方文化深度融合，释放法治宣教集群效能。

大唐吉林发电有限公司抓住重要时间节点加强合规宣传教育，做好特殊时期合规宣传教育工作，建立全员合规责任制，构建合规宣传教育长效机制；建立合规文化建设激励机制，及时总结系统内依法合规工作先进案例，积极树立典型标杆，推动所属企业“比学赶帮”，形成依法合规管理的浓厚氛围，将合规文化建设引向深入。

华能酒泉发电有限公司：推进法治文化建设护航企业健康发展

华能酒泉发电有限公司将法治文化建设作为一项综合性系统工程来抓，通过“5个结合”，推进法治文化建设，为企业的健康发展提供了法治保障。

1. 坚持长远规划和阶段部署相结合。把“厚植法治文化”写入公司“十四五”规划，明确法治文化建设是企业文化建设的重要组成部分，并将培育法治文化作为法治建设的战略性、基础性工程予以推进。落实“八五”普法规划，制定《年度普法工作要点》，明确年度普法工作的目标任务、责任主体、工作措施和完成时限，扎实推动各项具体任务落地落实。

2. 坚持普法教育与中心工作相结合。把深入学习宣传贯彻党内法规、企业国有资产及能源行业密切相关的政策法规、科技创新相关的政策法规、《中华人民共和国民法典》等与企业经营管理密切相关的政策法规、与企业合规建设密切相关的政策法规、与生态文明建设相关的政策法规等作为干部员工学习的主要内容，确保公司主动适应市场化、法治化的发展要求。

3. 坚持普法教育与制度建设相结合。不断完善党委理论学习中心组集体学法制度、普法工作管理办法、常年法律顾问律师法律咨询制度等多项普法工作制度，使普法工作规范化、制度化、经常化。健全法律事项审核、纠纷案件管理等方面的配套制度，为公司法治文化建设提供坚实的制度保障。在制定公司各类规章制度的过程中，积极听取员工的意见和建议，确保管理制度透明化，注重相关制度合法合规、内在统一，有效发挥出法治文化建设的工作价值。

4. 坚持普法教育与分级分类相结合。一是领导干部带头学，坚持把领导干部带头学法、尊法、守法、用法作为法治宣传教育的关键。二是关键岗位重点学，把法治宣传教育纳入中层干部及财务、采购等关键岗位人员业务能力提升培训体系，做到因材施教、因岗施教。三是法律人员专业学，建立健全公司总法律顾问、法律合规人员专业培训机制。四是基层员工普遍学，紧抓“12・4”等普法节点，从员工最关心、最直接、最切身的问题入手，利用横幅、宣传画、MIS等载体向广大员工宣传安全生产、生态环保、网络信息安全、合规管理等法律法规。

5. 坚持普法教育线上线下相结合。建立领导干部授课、法务人员深入部门班组法律授课、常年律所法律专业人员授课等普法机制，结合宣传展板制作、横幅标语悬挂、法律知识答题等方式，实现普法工作的全领域、多途径覆盖。

三、法治文化品牌创建

电力企业把法治文化建设与维护电力系统安全稳定、营造良好电力营商环境、建设世界一流企业等紧密结合，持续提升法治保障能力，形成企业法治文化新气象。坚持普法宣传品牌先行，综合运用典礼仪式、宣讲讨论、参观学习、文体活动、征文比赛、演讲比赛、测试竞赛等多种形式，凝聚法治文化建设元素，形成各具特色的法治文化品牌，使企业法治文化深入人心。以下述公司为例：

国网福建省电力有限公司打造“三色光”法治文化带。一是创新树立电力“三色光”法治文化品牌，围绕“特色+”“数字+”“专业+”“社会+”4个普法主题，突出“双循环、双融合”，将法治文化阵地串珠成链、连线成带，并借鉴交流电三相色，将其命名为“三色光”法治文化带。红色是革命血脉，代表坚持党的领导；金色是光明底色，代表依法合规经营；绿色是和谐共享，代表服务法治社会。二是统筹建成“1+25”法治文化带，建设电力“三色光”法治文化馆主阵地，建成“1+25”个分布于省、市、县、镇（乡）、村5级的法治文化阵地，在布局上实现全省点、线、面结合，各阵地间连线成带；在内容上实现各阵地间优势互补、特色鲜明，形成立足电网、带动周边、服务社会的“三色光”法治文化带。

国网宁夏电力有限公司深化法治文化建设，坚持“5个聚焦”（业法融合、规法联动、以岗定责、德法互济、普治并举），打造具有宁电特色的法治文化品牌。建设《雅丽说法》《纪法微课》《新法辛说》3个“微普法”阵地，依托重要节点开展“美好生活·民法典相伴”等主题普法宣传活动9次，举办下基层普法活动百余场，各单位法治内网专栏编发法治文章300余篇，组织9034名员工全部签订合规承诺书，推动全员崇规守规、尚法践诺。精心组织“12·4”国家宪法日集中宣传活动，通过领导干部尊宪尚法、线上答题培训学宪考法、共产党员“进社区”普宪讲法、征集法治文化作品懂宪宣法等活动，营造弘扬宪法精神、维护宪法权威的浓厚氛围。

云南电网有限责任公司打造法治文化品牌“云电法治周”，作为南方电网首个原创法治文化主题实践活动，形成了包括活动平台、LOGO、主题形象语、主题曲、周边文创产品等在内的活动体系。2018年被评为南方电网公司十佳法治品牌，截至2022年连续三年被云南省司法厅确定为全省唯一“宪法进企业”活动示范点。云南省司法厅、云南省能源局、国家能源局云南监管办将其作为企业-行业-社会普法“三融合”优秀案例在全省予以推广。

广西电网有限责任公司建设的电力法治科普宣传教育基地通过“传统展览+沉浸式学法互动体验”的宣传教育方式，打造了“电博士”“科学玩家”“天宫课堂”等特色品牌，生动直观地展示习近平法治思想、中国法治建设历程、科学技术和电力领域的重要法律法规、电力发展历程等。该基地是南方电网公司系统首个获得该荣誉的基地，被全国普法办认定为第四批全国法治宣传教育基地。

第五章　电力行业法治合规工作形势任务与工作展望

“矩不正，不可为方；规不正，不可为圆。”深化法治建设、强化合规管理是中央企业深入贯彻落实党的二十大精神的重要举措，也是企业实现高质量发展的根本保障。电力企业作为保障国家能源安全的主力军，在实现“双碳”目标、推动新型电力系统建设、深化电力市场化改革、保障电力供应、加快数字化发展、推进国际化等方面面临复杂形势并承担重大使命，需要在持续提升法治合规工作的引领支撑能力、价值创造能力、风险防范能力、数字化管理能力、涉外保障能力上采取更有力措施、展现更积极作为。

第一节　法治合规工作形势任务

一、实现“双碳”目标方面

2022 年 2 月，首届全过程绿色低碳的冬奥会在北京成功举行，依托安全可靠的绿电供给，北京冬奥会成为首届实现全过程碳中和的世界级体育盛会，既向世界兑现了举办“简约绿色精彩”盛会的庄严承诺，又为我国“双碳”目标的后续推动积累了重要的实践经验。2022 年 5 月 16 日出版的《求是》杂志刊发了习近平总书记《正确认识和把握我国发展重大理论和实践问题》的重要文章，文章指出，“能源结构、产业结构调整不可能一蹴而就，更不能脱离实际”“以煤为主是我国的基本国情，实现碳达峰必须立足这个实际”“在抓好煤炭清洁高效利用的同时，加快煤电机组灵活性改造，发展可再生能源，推动煤炭和新能源优化组合，增加新能源消纳能力”，进一步肯定了电力安全在我国能源安全中的核心地位，在坚持电力安全的前提下实现“双碳”目标也成为符合我国能源结构、国情实际的科学路径。

在党中央的正确领导下，到 2022 年我国碳达峰碳中和“1 + N”政策体系已经建立，“双碳”顶层设计文件有序出台，分领域、分行业的实施方案和保障措施正在加速完善，部分行业、省（区、市）先后制定、实施本行业（地区）的碳达峰实施方案，控碳降碳工作取得了阶段成效。根据 IEA 发布的《2022 年二氧化碳排放报告》，2022 年我国二氧化碳排放量为 1147700 万吨，碳排放量较 2021 年下降了 2300 万吨，减碳趋势初步显现。截至2022年7月11日，全国碳市场累计成交额达84.90亿元，成为世界上运行规模最大的碳市场。从全国碳市场看，电力行业既是碳排放的主要行业，又是碳减排的重点领域，而“双碳”不仅让电力行业面临市场、科技、人才、机制等全方位竞争，在法律合规工作的前瞻性、工作机制的灵活性及业法业规融合的深度性等方面，都面临更大的挑战。此外，政府层面无论是在法律法规体系构建方面，还是监管机制优化方面都还需要进一步的努力。

从国家和政府层面看，要进一步健全法律法规，构建有利于绿色低碳发展的法律体系，不仅要统筹推动制（修）订节约能源法、可再生能源法、循环经济促进法、清洁生产促进法等法律法规，制定出台工业节能监察管理办法、机电产品再制造管理办法、新能源汽车动力电池回收利用管理办法等部门规章，完善工业领域碳达峰相关配套制度；还要强化节能监督管理，持续开展国家工业专项节能监察，制定节能监察工作计划，聚焦重点企业、重点用能设备，加强节能法律法规、强制性节能标准执行情况监督检查，依法依规查处违法用能行为，并跟踪督促、整改落实。

从电力企业法治合规角度看，要结合《中央企业合规管理办法》等政策法规的要求，将法治合规要求真正贯穿到业务、嵌入到流程、落实到职责。一是先立后破，做到放眼世界。结合自身产业特点科学制定控碳降碳实施路径，更好地满足“先立后破”的要求；要从国际视野了解“双碳”发展新格局，熟悉国际前沿减碳政策信息，一旦出现政策变化或法律合规风险能及时采取有效的应对措施。二是紧盯政策，做到业规融合。密切跟进国家“双碳”领域法律法规和企业所在地相关政策的出台及调整情况，及时制定、修订企业制度标准，为法治合规提供制度保障；同时深入梳理各专业部门、各岗位业务流程节点对应的岗位合规职责，做到合规工作与专业工作同布置、同推进、同落实、同考核，实现两者的深度融合。三是举一反三，做到以案促改。近几年，国家各级政府组织的相关专项整治工作密集，要注意结合电力行业相关专项整治工作实际，针对新能源建设、碳交易、工程建设等相关整治工作要求，以及业务实施过程中出现的投资、并购、交易案例，举一反三地开展自查整改，强化企业法律合规责任链条。

二、推动新型电力系统建设方面

当前，我国生态文明建设已进入以降碳为重点战略方向的阶段，低碳转型是推进能源生产和消费革命的内在要求，伴随着“双碳”目标的持续推进，我国碳中和目标的实施路径日趋清晰，即构建以风电、光伏、生物质能发电等新能源为主体的新型电力系统，创建源网荷储多能互补的零碳能源格局。受新能源出力随机性、波动性的影响，其电量替代效益明显而容量替代效益缺乏，在电力供给稳定性、可靠性方面存在短板，需要煤电、气电等其他常规电源提供必要的容量保障。2021—2022 年发生了东北地区拉闸限电、四川云南等地限电等问题后，国家层面开始调整对新型电力系统的顶层设计，表述方式也由之前的“构建以新能源为主体的新型电力系统”调整为“构建新能源占比逐渐提高的新型电力系统”。2022 年 1 月，国家发展改革委、国家能源局联合发布《国家发展改革委 国家能源局关于完善能源绿色低碳转型体制机制和政策措施的意见》，首次提出“承担支持电力系统运行和保供任务的煤电机组未经许可不得退出运行，可根据机组性能和电力系统运行需要经评估后转为应急备用机组”的要求，这与之前“有序淘汰煤电落后产能”的表述相比，肯定了新型电力系统建设、发展期间煤电仍有较为重要的战略支撑作用。

科学有序地推进新型电力系统建设，要求我们摒弃“运动式”去煤减碳的思维方式，立足我国富煤贫油少气的资源现状，坚持先立后破通盘谋划，在新能源安全可靠的替代基础上实现传统能源的逐步退出。在负荷侧加快推进煤电由主力电源向提供可靠容量、调峰调频等辅助服务的基础保障性和系统调节性电源转型，充分发挥现有煤电机组应急调峰能力，以沙漠、戈壁、荒漠地区为重点，加快推进大型风电光伏发电基地建设，以其周边清洁高效先进的煤电为支撑，对区域内现有煤电机组进行升级改造，推动煤电和新能源优化组合，实现“风光火”打捆的新能源平稳外输方式。在电网侧加快构建以稳定安全可靠的特高压输变电线路为载体的新能源供给消纳体系，统筹解决新能源大基地电力外送问题。进一步实施输电网络智能化改造，持续推进柔性输配电技术应用，实现电源侧的多能互补、负荷侧的灵活互动。

伴随着新型电力系统建设的后续推进，一定时期内仍然面临新能源外送通道不畅、区域发展均衡不足、系统电量平衡不够等影响电网安全的风险；产业转型进程中需要处理好新能源储能设施建设造价高、成本回收难等问题；在实际工作中也可能涉及征地用地、林草手续、行政审批程序以及投融资、兼并重组、工程建设、商务合同等方面的法律合规风险，甚至纠纷矛盾。目前，部分电力企业的法律合规部门对新型电力系统建设相关的业务了解不够，信息掌握不充分，法治供给不够及时、不够精准、不够完备，特别是对新技术、新产业、新业态、新模式的法律研究相对滞后，引领和支撑作用发挥不够；有些单位负责人主动把握、应对宏观形势和环境变化的意识不足，对外部变局可能给企业带来的法律合规风险认识还不够充分。

从国家和政府层面看，要加快《能源法》立法进程，推进《电力法》《可再生能源法》等现行法规的修订，为构建新型电力系统提供完备的法律体系支撑。从电力企业法治合规角度看，在加快推进新能源产业发展过程中，要重点做好项目用地指标、林草指标的依法合规获取，避免触及生态红线，同时在项目规划和建设过程中要高度关注行政前置程序周期和各地区项目投产周期等要求，避免可能引发的合规风险。要紧跟相关立法推进进程，积极融入新型电力系统立法建设工作，主动介入电力行业法治合规建设工作，完善电力企业法治合规制度规范，充分发挥法律合规人员和合规管理体系的作用，推动企业法治合规工作更好地适应新型电力系统的建设需求。

三、深化电力市场化改革方面

为适应能源结构的转型需求，国家发展改革委、国家能源局等部门陆续出台一系列改革方案来完善全国统一电力市场体系，进一步培育多元竞争的市场主体，逐步健全电力市场交易规则和系统运行调节机制。2022 年 1 月，国家发展改革委、国家能源局发布《国家发展改革委 国家能源局关于加快建设全国统一电力市场体系的指导意见》，明确到 2025 年，全国统一电力市场体系初步建成，电力中长期、现货、辅助服务市场一体化设计、联合运营；到 2030 年，全国统一电力市场体系基本建成，电力资源在全国范围内得到进一步优化配置。

在相关政策的促进下，全国电力市场化改革在探索中持续深入推进，取得了阶段性成效。在电价机制改革方面，《国家发展改革委关于进一步深化燃煤发电上网电价市场化改革的通知》出台后，取消了煤电基数电量，释放后的电量全部进入电力市场，通过市场交易在“基准价 + 上下浮动”范围内形成上网电价，促使电力企业升级创新迎合市场变革所需，加快稳定、公平的电力交易市场体制建设。在电力现货交易方面，2022 年 6 月底，电力现货交易第一批 8 个试点地区启动长周期结算试运行，第二批 6 个试点地区也已启动模拟试运行，山西、甘肃、山东、广东等地区实现长周期不间断试运行，充分发挥现货市场发现分时电价、反映市场供需的基础作用，并按照“边试边改”的原则，不断完善市场规则及配套机制。作为建设全国统一电力市场体系的重要布局，电力现货市场正在加速铺开，不少负荷侧、用户侧单位享受到了现货市场带来的价格红利。在电力辅助服务方面，新版“两个细则”出台后，辅助服务成本逐步向用户和新能源机组疏导转移，火电机组分摊的辅助服务费用明显降低，成为改善 2022 年煤电整体利润结构的重要影响因素，缓解了煤电利用小时下滑带来的收益下降影响，更好地促进煤电等常规能源在电力系统的角色逐步从主体电源向以电力支撑为主、电量供应为辅的备用保障电源转变。当前，我国经济社会的发展对电力能源的供给要求正在从“够不够”向“优不优”持续转变。

随着新一轮电力市场化改革步入深水区，电力市场的竞争将日趋激烈，电力市场化改革的核心点和落脚点在于加快完善各类市场交易规则、持续规范市场管理秩序、有序降低市场运营成本、稳步推动能源结构调整。就目前而言，部分电力企业的法律合规风险防控体系还不是很周全，重前端审核、轻中端过程管控和后端问责与救济的现象依然存在。尤其是在合规管理过程中，业务部门作为合规“第一道防线”的功能价值发挥还不够，在企业快速发展过程中，业务部门时常面临发展与合规之间的矛盾冲突，部分干部员工规则意识缺乏，不同程度地存在想问题办事情凭经验、靠习惯的现象，运用法治思维和合规制度解决企业改革发展问题的意识和能力有待提高。甚至部分单位重业务、轻合规，重结果、轻程序，尚未将依法合规要求落实到各领域、各业务、各环节，违规违纪现象时有发生。

从国家和政府层面看，亟须进一步理顺政府和市场的关系，并妥善处理竞争与合作、体制和机制的问题，特别是建立健全各层次电力市场协同运行、融合发展、规范统一的交易规则和技术标准，加强中长期市场、现货市场和辅助服务市场的统筹衔接，推动完善电价传导机制，有效平衡电力供需。

从电力企业法治合规的角度看，一方面要始终坚守法律合规底线，加强市场和政策的前瞻性分析，做好外部形势和内部竞争力的研判，厘清改革边界、核心任务和关键目标，依法合规改革，超前防范风险。另一方面要加强全生命周期法律合规风险防控，事前突出风险辨识，全面排查电力市场各类合规风险，充分发挥法律前置审核把关作用，对重要改革方案、改革举措开展合法合规性审核，确保在法治框架下深化改革；事中持续加强风险控制，结合法律合规风险管控实际，及时发布法律合规风险预警、有效应对违规事件，保障依法合规参与电力市场交易；事后严肃追责问责，对于电力交易中出现的违法违规事件追责问责，切实维护电力市场交易的权威性和公信力。

四、保障电力供应方面

保障电力供应是经济问题，更是关系国家能源安全、经济社会发展和民生福祉的政治问题、社会问题。习近平总书记在党的二十大报告中再次强调“积极稳妥推进碳达峰碳中和，立足我国能源资源禀赋，坚持先立后破，有计划分步骤实施碳达峰行动”，这是立足我国富煤贫油少气的能源结构情况做出的科学规划，将保障能源安全提升到一个新的高度。我国以煤为主的能源结构短期内难以根本改变，从以化石能源为主体的传统能源体系向以新能源为主体的新型能源体系转变是一场深刻而长远的能源变革，需要全国上下一盘棋统筹考虑、有序推动。

随着我国经济社会发展进入新时代，人民对能源有了更丰富的需求，安全、绿色、经济构成了当前新时代能源需求的“一主两翼”特征。其中，“安全”是主体，是能源需求的基本特征，没有能源安全的支撑，其他两个特征难以发展；“绿色”和“经济”是两翼，绿色是能源结构转型的预期标准，经济是能源惠及国计民生的重要属性。能源的这三个特征相互制约、相互促进。

如何在保障电力安全前提下和“双碳”目标约束下科学、合理地推进能源转型，是“十四五”乃至今后一段时期我国电力行业要解决的一项重点工作。在能源转型推进实践中，一方面部分政府机构和人员未能立足我国富煤贫油少气的能源实际状况，导致出现非正常的煤电增量与“双碳”目标相悖，或者煤电盲目地“去产能”影响电力供应安全的可靠性。另一方面电力企业未能坚持清洁能源科学性规划布局和依法合规推进，有的为了抢占资源运动式发展新能源而盲目建设或并购导致违反生态红线原则、不满足投资收益要求等违法违规问题的发生。

对于电力企业而言，要更好地保障电力供应依法合规，必须提高政治站位，严格落实能源安全方面的法律法规要求，坚持将电力供应作为重要的政治任务抓严抓实。要遵守市场规则，认真执行能源监管、辅助服务、现货交易等相关要求，在维护电力市场秩序方面主动作为。要强化法治观念，围绕法治央企建设要求和《中央企业合规管理办法》等制度标准完善自身制度体系建设，压紧压实电力供应保障工作的责任链条，特别是要未雨绸缪地采取切实措施，防范能源转型过程中的各类法治合规风险。

五、加快数字化发展方面

党中央高度重视数字技术与传统产业的融合发展，党的二十大报告中提出，“要深入推进能源革命，加快规划建设新型能源体系；加快发展数字经济，促进数字经济和实体经济深度融合”。推动经济社会发展智慧化、数字化，是实现高质量发展的重要因素。在深入推进“四个革命、一个合作”能源安全新战略和“双碳”目标背景下，新型电力系统源侧低碳化、网侧数字化、荷侧电气化进程正在加速推进。智慧化及数字化已经成为评价电力行业能源转型效果、新型电力系统建设品质的重要指标，为加快电力行业的技术革命、产业调整提供了有效的驱动力。

伴随着以5G技术为代表的第四次工业革命浪潮的来临，我们正在步入万物互联的物联网时代，能源产业与物联网技术的衔接将更加紧密，大数据、云计算时代的到来将为电力行业的发展注入新的动能，传统电力行业即将面临系列重大变革。一是“信息化”影响了转型方向，5G电厂、特高压电网、新能源充电桩等建设具有鲜明的科技特征和时代烙印，将进一步影响电力行业的转型方向。二是“智能化”加速了能源革命，伴随技术革命的快速发展，储能容量提升、氢能合理开发、绿电高效应用等方面有望取得技术性突破，能源革命进程将得到进一步加速。三是“数字化”改善了服务品质，依托大数据、云计算、物联网等数字化技术，能有效实现发电、输配电、用电等环节的互联，为用户提供安全、智能、便捷的电力能源服务。

经过多年的努力，多数电力企业法治合规信息化建设已初具成效，正积极向数字化、网络化、智能化发展转型，企业基础设施改造、新一代信息技术应用、新模式创新成效明显。但总体而言，数字化、智慧化建设还处于起步阶段，数字赋能的体验还不充分。例如，业务指标梳理和场景覆盖不够全面；数据来源分散、数据质量较差；应用重复建设，用户体验不好；技术存在安全风险，适配不达标等问题。这些问题的产生均可归因于统一合规管理数字化、智慧化体系架构的缺失。

信息化、数字化的快速发展对电力企业的法治合规工作提出了更高要求。一方面，要注意企业信息化、数字化发展中的法律合规风险防控问题，如切实防范信息化系统使用中出现网络安全问题和失泄密事件，防范信息化系统存在的漏洞导致违法违规事件发生，防范数据信息滥用侵害市场公平交易，防范数字化、信息化管理不当导致的违约侵权问题等。另一方面，要推动法治合规工作信息化、数字化，系统化建设合同管理、案件管理、合规管理等信息平台，实现实时总览、重点督办、在线跟踪、穿透监督、分类分析、数据集成等管理要求，提升管理效能。深化法律管理信息系统与财务管控等系统的集成应用，探索构建可量化、可视化、可检查、可追责的流程闭环管控体系，加强数字化赋能，提升数据智能分析水平，逐步实现管理智能化。

六、推进国际化方面

作为“一带一路”建设中的重要领域，中国电力企业深耕海外电力市场，给诸多电力短缺的国家或地区送去光明和发展机遇，树立了“中国电力”的崭新名片，积累了良好的国际美誉度。同时，我们要清醒地认识到，一些发达国家对本国在制造业及国际贸易领域对华依存度过高的焦虑感进一步攀升；一些西方国家类似民意变化所带来的后续影响需要高度关注、有效应对；近年来，美国、欧盟等出台系列法规政策，加强外商投资审查，收紧外商投资，我国在海外开展电力投资并购面临投资机会受限、融资难度加大、投资价值减损等不利影响，我国海外电力项目法治合规方面面临诸多挑战。另外，俄乌冲突及全球地缘政治变化受到国际关注，欧洲能源价格飙升，其溢出效应迅速蔓延到其他国家，对世界能源安全造成了一定影响。中国作为全球第一大能源国，也面临着如何保障能源供应安全及经济发展等多重挑战。

从目前的实际情况看，我国大部分电力企业的境外法治合规工作相对薄弱。电力企业涉外法律合规风险防控领域广，涉及出口管制与经济制裁、境外投资并购、公司治理、网络安全、数据保护、反商业贿赂、反腐败、反垄断、反不正当竞争、环境保护、知识产权、劳工关系等方面。主要问题表现在：部分电力企业对涉外合规政策研究不深入，对投资所在国（地区）的法律法规及国际规则不够熟悉，对海外投资经营行为的红线、底线不能做到心中有数；部分电力企业应对跨境政府调查能力不足，不熟悉应对跨境政府调查的步骤、应对措施、救济机制等；部分电力企业未能建立完善的海外风险排查、预警、防范、处置等机制，尚未构建起全面覆盖、职责清晰、协调高效的境外法治合规管理体系，导致涉外法律合规风险应对处置不及时、不到位。

电力企业尤其是涉外企业，要做到知己知彼，密切跟踪项目所在国的外商投资政策变化，规范国外投资项目的可行性论证，认真开展法律尽职调查，了解国外当地行政政策科学决策投资建设情况。同时与海外能源电力监管机构紧密联系，减少因经营、运营的原因导致处罚、制裁等问题的发生。要持续建立健全境外投资管控制度体系，进一步强化境外投资全生命周期风险管控。针对国际经贸局势不确定性带来的挑战，持续监测涉外法律合规风险，及时研究发布外国投资、经济制裁和出口管制、数据保护、海外腐败、产业补贴等高风险领域的风险警示及风险防控指导意见，提升涉外业务风险管控能力。抓细境外法律合规风险排查和风险事件报告工作，抓好境外业务专项审计发现问题的整改落实工作，有效防范化解境外风险。

第二节　法治合规工作展望

“立善法于天下，则天下治；立善法于一国，则一国治。”党的二十大报告围绕“坚持全面依法治国，推进法治中国建设”提出了一系列新观点、新要求，为新时代、新征程的法治建设指明了方向。电力企业要始终坚持以习近平新时代中国特色社会主义思想为指导，深入贯彻习近平法治思想，全面落实中央企业深化法治建设加强合规管理工作部署，旗帜鲜明尊法治、强合规，围绕“双碳”目标和新型电力系统建设，着力强化法治合规体系和规章制度建设，进一步优化内外部法治环境，培育合规文化品牌，深化体系融合，加强法治合规数字化研究应用，加强境外业务合规建设，加快建设世界一流企业，全力提升法治合规引领支撑能力、价值创造能力、风险防范能力、数智化管理能力、涉外保障能力、合规文化品牌影响力和现代企业治理能力。

一、优化法治环境，提升法治合规引领支撑能力

（一）推动完善能源电力法律体系建设

法律是治国之重器，良法是善治之前提。营造良好的法治环境，必须坚持立法

先行，发挥立法的引领、推动和保障作用。电力企业要立足自身发展需求，充分考虑我国电力行业发展趋势，建立健全支持实现“双碳”目标和新型电力系统建设的法律保障体系。

一是推动完善能源电力法律法规。积极推动《能源法》立法，落实新时期能源发展新理念新要求，将行之有效的改革成果规范化、制度化、法律化。根据电力行业发展实际，对《电力法》《可再生能源法》《电能质量管理办法》《供电营业规则》等提出修改建议，侧重可再生能源发电、绿电交易以及建设全国统一电力市场体系等内容，通过系统立法、执法和监督工作，把能源电力领域各项管理工作全面纳入法治化轨道，为建设能源强国提供坚实的法治保障。

二是推动出台相关的支持性政策。加强政企协同联动，发挥政府主导作用，推动“双碳”目标和新型电力系统建设纳入政府重点工作，出台一揽子支持政策，建立常态化工作推进机制，细化并明确政府部门、电力企业、用户各方主体权责界面，保障电力市场公平竞争，维护市场秩序，确保各项工作有序推进、务期必成。

（二）推动完善电力行业合规标准体系建设

在国内外市场监管日趋严格和我国全面依法治国的大背景下，建立并完善合规管理体系成为电力企业的现实需求。2022 年 10 月，国家市场监督管理总局、国家标准化管理委员会正式发布《合规管理体系要求及使用指南》，为各类企业提升合规管理能力提供了系统化方案。中国电力企业联合会加强电力行业合规标准体系和有效性评价体系的研究，为企业提供战略服务和智力支持，以一流的合规管理标准体系助力世界一流企业建设。

一是持续完善电力行业合规管理标准体系。在中国电力企业联合会发布《电力企业合规管理体系规范》的基础上，研究编制《电力企业合规管理体系实施指南》《电力企业合规管理体系规范》《电力企业风险、内控和合规管理体系一体化建设指南》《电力企业合规管理体系有效性评价指南》等行业标准，促进企业合规管理制度化、规范化、体系化。各电力企业要全面落实《中央企业合规管理办法》的各项要求，优化合规管理顶层设计、组织及职责体系、制度体系和运行机制，建立健全适合本企业实际情况、覆盖本集团及下属单位所有部门和所有业务的法治合规管理体系。同时，以首席合规官制度为核心，加快完善工作机制，保障首席合规官全面参与重大经营管理活动，打造高素质专业化合规管理队伍，推动依法合规经营水平迈上新台阶。

二是开展合规管理体系有效性评价。电力企业特别是电力央企国企，应按照《中央企业合规管理办法》及有关行业标准，组织对集团公司及分/子公司开展合规管理体系有效性自评工作，并加强重点业务领域合规管理情况专项评价，强化评价结果的运用，抓好合规要求在基层单位的穿透落实，着力解决合规要求在基层单位层层衰减的问题，推动合规管理工作走深走实。其他企业则可以参照《合规管理体系要求及使用指南》中涉及建立、开发、实施、评价、维护和改进有效合规管理体系的具体要求，对企业合规管理体系进行建设和认证。行业协会积极服务会员企业，牵头探索开展第三方合规有效性评价工作。

（三）完善企业规章制度体系建设

国务院国资委在《关于进一步深化法治央企建设的意见》中指出，要将制度嵌入业务流程，加强制度执行情况的监督检查，强化制度的刚性约束。各电力企业应当健全制度的全生命周期管理，真正做到用制度管人、按制度办事，提升规范化、科学化、精细化管理水平。

一是持续优化制度体系，发挥制度效能。建立规章制度制定、执行、评估、改进工作机制，结合新业务、新业态、新模式，做好制度的“立、改、废、释”工作。加快推进重要制度的制（修）定，将法律法规规定和外部合规监管要求内化于管理制度之中，确保制度体系与企业高质量发展重点工作相匹配。优化制度审核流程，针对制度制定的必要性、适用性、衔接性进行把关，从源头规范经营决策，提高制度审核质量和效率，确保各项工作既有制度支撑又精简高效，建立起组织严密、制度健全、运行顺畅、监督有效的规章制度管理体系。

二是加强制度宣传贯彻，保障高效执行。采用普法讲堂、专题培训等多种形式，加强对新出台的重要制度的宣传贯彻，学习制度修订前后的变化，对新增条款进行研究分析，提高制度的普及率及员工对制度的熟悉度，推动形成制度宣传贯彻培训长效机制。加强制度执行情况监督检查，通过台账管理、持续督导、年度核查、对账销号等方式进行规章制度闭环管理，以规范流程、消除盲区、有效运行为重点，及时发现和堵塞制度漏洞，确保规章制度在企业内部落地执行。

二、强化合规管理，提升合规文化品牌影响力

（一）加强合规穿透力建设

面对当前经济复苏形势，法治合规工作承担着为企业发展蓄势赋能、保驾护航的重要使命。电力企业要将日常经营管理与法治合规要求深度融合，持续增强合规穿透力，激发末端动能，让法治合规理念在企业内部落地生根，切实提升企业的风险防范能力和依法经营水平。

一是提高合规管理组织效能。突出各级领导干部的合规职责，落实好“管业务

必须管合规”的要求，领导人员要主动承担起构建企业良好法治合规生态的首要责任，把依法治企、合规管理纳入全局工作统筹谋划、一体推进。巩固并完善董事会、党委（组）会定期研究、汇报依法治企重点工作等机制，配齐、配强首席合规官和各级合规管理员，确保合规管理举措可以在各级单位切实发挥实效，将依法合规履职情况作为重要的评价标准，构建起全级次、全领域、全员一体的合规管理新生态。

二是提升重点领域合规管理水平。要压紧、压实业务部门合规管理“第一道防线”职责，常态化开展风险隐患排查及整改，特别是要加强重点业务领域的合规风险监控，针对合规风险较高的业务，制定见行见效的风险防控措施，为业务开展提供具体、可操作的合规指引，确保风险可控在控。要切实提高专兼职合规管理员履职能力，深入贯彻“既敢于说不、坚持底线，又善于说可、依法合规解决问题”要求，进一步明晰并严格落实业务部门、合规管理部门和监督部门“三道防线”职责，构建起有机贯通、相互协调的工作机制。

（二）加强合规文化建设

要坚持以高水平依法合规治理护航企业高质量发展，将合规文化与企业文化、合规工作与日常业务、合规管理与经营管理深度融合，抓好合规要求在各级单位的穿透落实，打造治理完善、经营合规、管理规范、守法诚信的法治企业。

一是持续开展合规培训。将习近平法治思想、宪法、民法典、法治合规内容纳入各类干部培训的必修课程，进一步提升领导干部的法治素养和能力。“线上＋线下”开展合规管理实务交流，多维度根植依法合规理念，实现“要我合规”到“我要合规”的思想认识转变。充分运用信息化载体，根据培训对象的不同，开展不同形式、不同内容的培训活动，引导全员树立合规理念。

二是加强法治合规宣传教育。创新法治合规宣讲形式，深化普法内容，依托国家宪法日（12 月 4 日）、全民国家安全教育日（4 月 15 日）等时间节点，将普法活动推进到基层，在企业内部营造人人尊法学法守法用法的良好氛围。企业应当切实承担起法治合规宣传教育主体责任，挖掘业务工作与法治宣传教育的连接点，增强其依法从业、合规管理的能力。积极研究提炼符合本企业特点的合规文化，形成一批站得住、叫得响、推得开的典型成果，培育并逐步提升合规品牌影响力，助力提升世界一流企业文化软实力。

三、服务改革发展，提升法治合规价值创造能力

（一）超前研究法治合规问题

2020 年 9 月 22 日习近平总书记面向全世界首次提出我国“力争于 2030 年前二

氧化碳排放达到峰值、2060年前实现碳中和”的“双碳”目标，标志着我国正式投身于全球应对气候变化行动中，在这场行动中，能源是主战场，电力是主力军。落实“双碳”目标，叠加数字经济影响，电力行业已迎来各种新业务、新业态，这对电力企业法律合规人员提出了更高要求。电力法律工作只有全面融入“双碳”各项工作，将企业业务发展的新趋势、新问题作为法治合规工作的重点及前沿问题，进行超前研究，探索应对之道，才能围绕中心、服务大局、创造价值。

一是提高研究的前瞻性。面对新形势、新任务、新要求，法治合规工作要准确把握时代脉搏，紧盯“十四五”发展规划、全面建设世界一流企业、建设新型电力系统等发展战略，围绕“双碳”目标、新型电力系统、电力市场体系、电力保供、能源转型、投资拉动、科技创新、国际化发展等重大任务，超前研究可能出现的重大法律合规风险。进一步健全业法融合、业规融通的工作机制，实现法律审核内嵌重大改革、重大项目的方案制定、组织实施和效果评估全过程。

二是着眼服务发展大局。站在新的发展阶段，加强合规管理是企业法治工作的重中之重，必须准确把握电力企业在中国式现代化建设中的角色定位，以及法治合规工作在企业健康可持续发展中的功能价值，将法治建设、合规管理放到企业全局中去谋划，放到改革发展大势中去统筹。法治合规工作要紧紧围绕服务支撑企业中心工作，坚守法律的红线底线，善用法治思维法治方式，更加注重风险防范，更加注重价值创造，更加注重融会贯通，以法律合规保障企业的高质量发展。

（二）强化依法合规决策质效

新时代、新征程赋予了法治建设新的使命任务，电力企业法治建设面临着前所未有的机遇与挑战，法治合规工作要不断优化决策机制，强化决策质效。

一是提升企业治理效能。充分发挥公司章程在企业治理中的统领作用，发挥好总法律顾问（首席合规官）和法律合规部门专业审核把关作用，确保章程依法制定、依法实施。持续完善现代化规章制度体系，增强集团总部统建制度与子企业自建制度的衔接性和连贯性。着力提升集团总部法治化行权能力，依法规范行使股东权利，完善授权放权的长效协同机制，实现有权必有责、有责必担当、行权必规范。

二是提升法律合规审核质效。落实“三重一大”决策制度和合法合规性审核工作要求，确保规章制度、经济合同、重要决策应审必审。在保证审核率100%的基础上，不断优化合法合规性审核制度，实行决策全过程报告记录制度，完善重大事项决策执行督察督办制度，强化决策执行效果管控。加强合法合规性审核后评估制度建设，建立审核反馈机制，跟踪分析审核意见落实情况，不断提高审核质效。

三是提升法律合规审核数字化水平。推动法治建设从信息化向数字化转型升级，是提升法治管理效能的必然选择。电力企业要建立法治数字化、智能化平台，优化及完善法律业务在线统计、监测、预警和智能分析等功能，推动将法律审核内嵌重大决策、重要业务管理流程，努力实现法律合规风险在线识别、分析、评估、防控。开发设计覆盖全组织、全业务链条、全过程场景的数字化应用，实现线上审查、过程留痕、提前预警、即时截停，强化合规管理的刚性约束。

（三）提升法治合规服务价值

合规管理的直接目的是防控合规风险，最终目标是提升经营管理水平。能否将合规管理真正融入业务活动，是合规管理是否具有生命力、能否发挥作用的关键。在实际工作中，各层面、各环节、各领域必须牢固树立合规理念，完善业法融合、业规融合机制，深化“以案促管”长效机制，真正把合规管理融入企业价值创造的过程中。

一是全面提升法治合规保障能力。合规管理工作应该着眼于整体战略，围绕企业年度计划进行设计和规划，确定工作任务，为战略目标的最终实现提供有力支撑，为新一轮国企改革、电力体制改革、统一电力市场建设等改革攻坚任务提供坚实的法律保障。在市场营销、电力建设、安全环保等方面采取行之有效的措施，全力服务中心工作，提升业法融合水平。要加强商标等知识产权法律保护，推进合同文本精益管理，加强重大合同履约过程管控，切实防控对外业务风险。

二是深化“以案促管”长效机制。聚焦健全长效机制，推进溯源治理，加快构建法律案件管理新格局，进一步深化从个案管理向整体管理转型，抓紧抓实“以案促管”，探索制定案件管理考核制度。要从事后处理向超前预控、根源治理转变，把每一起案件或事件当作一面镜子，提升运用法治思维和法治方式化解风险、解决问题的能力。

三是加强新业务、新技术的全过程服务。主动适应改革发展需要，改革深化到哪里，法治合规工作就要保障到哪里。针对基础理论研究、核心技术研发、高端装备制造等，加强全流程的法律保障体系建设。动态跟踪新兴业务的发展趋势，建立法律合规部门与新业务部门的有机协同工作机制，积极参与有关的应用场景开发和商业模式设计，及时开展法律论证、合规审查和风险提示，有效解决业务创新中遇到的法治合规问题。

四、深化体系融合，提升法律合规风险防范能力

（一）深化法律合规与风险内控体系的协同

针对部分电力企业法律合规与风险内控管理存在多头领导、标准化水平低，任

务交叉、集约化程度低，工作重复、成果利用率低等问题，要探索实施法律、合规、风险、内控协同一体化管理模式，通过协同运作，提升规范管理水平，提高运营管理效率，增强风险防控能力。

一是坚持党的全面领导。坚持企业各级党委（党组）对依法治企工作的全面领导，坚持党总揽全局、协调各方的领导核心作用，切实发挥党委（党组）在法治企业建设过程中把方向、管大局、促落实的领导作用，把法治建设与风险内控等纳入企业整体工作中统筹谋划，从源头上形成工作合力。

二是完善一体化风险管理机制。在管理理念、机构设置、职责划分、制度规范、方法工具、人员配置等要素方面建立协同关系。在工作事项、规则、程序、标准、评价等方面建立有机联系和高效运转的工作方式，用高质量服务保障业务发展。

（二）深化法律合规与审计巡察等监督的协同

压紧、压实合规管理“第三道防线”责任，充分发挥大监督体系合力，强化监督检查和违规追责。

一是形成多部门的监督合力。法律合规与审计、纪检、巡视等大监督部门要充分参与到业务发展进程中，实现监督靠前、下沉，做到问题早发现、早提醒、早预防。充分发挥大监督合力，强化重点领域的合规管理监督检查和违规追责，建立整改台账，明确整改措施、完成时间和责任部门，形成闭环管理。

二是提升专业协同水平。建立跨部门、跨专业协同推进机制，统筹责任分工和工作计划，分解、压实各专业工作责任，及时协调、解决重大问题和重大风险。加强纵向协调管理与横向协同沟通，通过周期例会、过程管控、信息通报等方式，全面管控合规监督流程，保障跨专业协同推进。

三是强化监督成果共享。健全违规事件报告机制，提升违规事件报告的规范性与及时性，加强与政府相关部门、上级管理部门的沟通汇报，积极主动处理，及时消除违规事件隐患。进一步强化违规事件的监督力度，严肃追究违规单位和人员的责任，形成有效的横向监督协同和纵向监督制约。

（三）深化法律合规与电力安全的协同

在能源转型的背景下，电力安全面临电力供需平衡压力增大、电力系统安全运行风险显著加大、极端天气和自然灾害频发、网络与信息安全风险持续升高等问题，我们要增强忧患意识，做到居安思危，统筹好发展和安全，有效防范、化解各类风险，保障电力安全工作依法合规推进。

一是防范能源转型风险。以保障电力安全为目标，充分调用负荷侧资源参与调节，按照“常规电源保供应、新能源调结构”的思路，推进煤电与新能源优化组合和大电网安全运行控制，不断提升本地支撑电源和跨省跨区输电能力。着力防范盲目发展新能源影响电力供应安全、并购导致违反生态红线原则、不满足投资收益要求等违法违规问题和拉闸限电、大面积停电等事件发生。

二是增强应急管理能力。充分考虑新型电力系统在应对极端天气和台风、地震等自然灾害冲击时的适应能力，建立健全灾害预警、电力设施保护、紧急避险等工作机制，切实提升电力安全应急管理能力。

三是提升网络信息安全水平。严格按照《电力行业网络安全管理办法》《电力行业网络安全等级保护办法》的相关要求，积极构建新型电力系统网络安全风险管控体系，实现核心技术自主可控，促进电力监控系统本体安全，为新型电力系统的建设和安全稳定运行保驾护航。

五、推进数字化建设，提升法治合规数智化管理能力

（一）完善法治合规数字化平台

以有效防控合规风险为目标，提升企业依法合规经营管理水平为导向，构建法律、合规、风险、内控“四位一体”的数字化管理平台，将合规管理嵌入业务流程，全面管控风险识别、风险评估、风险处置、整改督办过程，规范开展合法合规性审查、在线防控合规风险、强化监督问责，为企业合规、健康发展保驾护航。

一是健全合规管理体系。制定合规指南、不相容职务及审批授权等制度，组建统一可调配的合规管理队伍，明确合规组织机构的岗位、职责等内容，为数字化合规管理体系建设提供基础保障。

二是建立数字化运营机制。建立合规风险识别评估数字化预警机制，全面梳理经营管理活动中的合规风险，制定合规审查、风险上报、自动化监控、风险管理、合规事件、风险监控等运营管理机制，通过规则对可能产生的风险进行分级预警。

三是健全监督追责平台。建立职责明确、流程清晰、规范有序的电力企业监督追责管理电子平台，组建统一可调配的追责工作团队，围绕监督追责等业务场景，规范、高效开展问题和线索的调查与跟踪，推动组织追责与整改工作有迹可循、有序落地。

（二）强化法治合规数智化管理

将信息化和数字化作为法治合规建设的重要工具，通过数据共享发挥法治合规数据对业务发展的赋能作用，实现电力业务与法治合规数字化建设相融合，充分发挥法治合规风险预警、防控与监督作用，用数字化、智慧化手段不断提升法治合规工作数智化水平。

一是创新服务模式，构建法治数据全链条。聚焦决策层、法律顾问、业务管理人员、一线员工、外部用户，灵活配置业务模块和应用工具，强化业务赋能。借助数据中台实现法治数据与企业主营业务数据及专业数据的贯通共享，完成与各专业前端应用系统的互联互通，全面落实“数据一个源”原则，充分发挥数据共享对业务管理的放大、叠加、倍增作用，助推企业建立与业务融合的法治数据全链条。

二是实现法治合规全覆盖，筑牢风险管控新屏障。加强对大数据的分析、挖掘、处理和应用，将信息化、数字化、智能化贯穿于法律事务、合规管理的全过程，充分运用大数据进行决策审核、合同管理、案件管理、风险防控等，持续推动法治合规工作向数智化方向转变；同时要实时接入外部资信信息，实时感知外部法律法规的调整及变化，确保“外法”“内规”相统一，实现法治合规风险从“被动防控”向“自主感知”转变。

三是实现法治数据共享赋能，推动智能化深度融合。电力大数据涉及电力规划、建设、运行、营销、物资、财务等方面的数据，要依托智能化中台，利用大数据、云计算、光学字符识别、自然语言处理等技术，实现关键信息的智能识别与提取，提供智能推送、智能辅助起草、智能辅助审核、智能问答等智能化业务。要建立常态化法治数据智能分析、治理机制，重点强化数据对风险识别的支撑，强化系统监测和风险预警，提升风险在线监控能力，严防重大违法违规事件发生。

六、加强境外业务合规建设，提升法治合规涉外保障能力

（一）完善境外业务合规管理体系

电力企业境外经营合规体系已经基本建立，但境外国有资产仍不时面临因所在国政策、经济、文化、利益冲突等造成的挑战和风险。这些合规风险具有国别性差异，投资所在国的主权信用、管制政策、社会经济文化等因素都对电力行业境外业务合规管理体系的构建提出了不同的要求。

为适应境外业务合规的国别性差异，电力企业在持续完善以公司战略为导向，各职能部门专业归口、法人单位分级负责的基本合规架构体系的基础上，应因地制宜地选择包括总部境外投资部门统筹管理制、总部各职能部门条线管理制、境外投资专业平台公司（国际公司）管理制等不同合规管理架构，以适应属地合规监管的要求。同时，电力企业应根据企业境外投资的业务规模、成熟度等，进一步明确“三道防线”职责，通过体系手册、制度手册等清晰界定各部门在境外风险防控中的职责，进一步完善境外业务合规管理体系。

（二）提升境外业务合规管理水平

一是持续完善境外投资风险框架。电力企业应围绕境外投资项目开发、融资、

工程管理、运营全生命周期，梳理境外投资风险框架，形成统一的风险语言和沟通工具。风险框架一般应包括国别风险、市场风险、行业风险、财务风险、流程操作风险等类别。

二是进一步完善境外业务合规风险管控流程。风险管控流程具有极强的专业性，电力企业应通过各国监管体系文件对境外业务的合规风险识别、评估、应对、监督及评价等流程提供清晰的工作指引。

三是健全贯穿整个境外业务生命周期的合规风险管控体系。境外业务合规管控要求将“表单化”工具嵌入境外业务全生命周期管控流程，以实现境外业务合规风险的同步识别、同步评估及同步控制。在合规风险识别方面，要充分利用“5 库”（国别风险库、行业风险库、流程风险库、风险案例库、境外投资法律法规库）全方位识别风险，绘制境外业务合规风险分布图，实现可视化风险评估。在合规风险监控方面，要充分利用“5 报告”（境外企业运行报告、境外资产及重大事项报告、境外投资后评估报告、全面风险管理报告、境外专项审计报告）实现境外业务合规风险的全面监管。

七、加快建设世界一流企业，提升现代企业治理能力

（一）培育一流的法治文化

依法治企能力是企业软实力和竞争力的重要体现，进一步提升全员法治合规意识、树立法治合规理念是构建世界一流企业法治合规体系的首要任务。电力企业要牢固树立全员合规、主动合规、实质合规的理念，构建领导带头示范、各部门齐抓共管、全员共同参与的依法合规治企工作局面。

一是发挥好领导干部的“关键少数”作用。要特别注重发挥好领导干部的“关键少数”作用，企业主要负责人要增强运用法治思维和法治方式解决问题的意识，带头尊法学法守法用法，带头依法依规办事，带头强化内部管理，着力当好循法度、强法治、重合规的示范者或引领者。

二是提升全员法治合规意识。要引导全体干部员工牢固树立法治理念、合规意识，推进法治宣传教育制度化、常态化、多样化，使依法合规、诚信守法、廉洁从业成为全体干部员工的自觉行为和基本准则，使每位员工都成为法律规则的忠实崇尚者、自觉遵守者和坚定捍卫者。

三是培育法治合规文化品牌。从主要领导到普通员工，把依法合规、不逾红线作为经营管理的首要前提和基本衡量标准，贯穿决策、执行、监督全过程，在各层面、全流程厚植法治合规文化，形成尊崇法治的良好氛围，塑造法治合规文化品牌。

（二）建设一流的治理机制

公司治理是企业发展的基石，推进公司治理机制和治理能力现代化是构建世界一流企业法治合规体系的机制保障。电力企业要将完善中国特色现代企业制度与建设世界一流企业有机结合，构建中国特色现代企业治理机制。

一是夯实治理之基。坚持“两个一以贯之”，全面落实在完善公司治理中加强党的领导的各项要求，进一步厘清党委、董事会、经理层之间的权责边界，推动中国特色现代企业制度更加成熟定型。

二是抓实制度质效。坚持把制度建设摆到重要位置，完善以公司章程为核心，由基本管理制度、专业管理制度和其他运营规则组成的与公司治理体系相适应的制度体系，全面建立完备的依法合规治企管理制度体系，形成各司其职、各负其责、协调运转、有效制衡的治理机制。

三是强化风险防控。构建法治框架下的合规、风险、内控协同运作的机制，建立统一风险库和风险管控机制，三道防线有机融合，建成全面覆盖、高效运行的一体化合规管理体系，提升风险防控能力。

四是健全监督机制。以风险防范为核心，涵盖决策法律审核、制度、合同、案件等法律事务管理的各项职能，强化事后监督管理闭环，保障企业经营管理成效。

（三）打造一流的管理系统

全面落实法治建设各方职责是构建世界一流企业法治合规体系的组织保障。电力企业要建立党委（党组）领导、董事会决策、经理层推动的法治合规领导体系，主要负责人切实履行推进法治建设第一责任人职责、总法律顾问（首席合规官）抓好统筹协调、法务管理机构牵头推动、各职能部门各司其职的法治合规管理系统。

一是加强党的领导。把加强党的领导贯彻到依法合规治企各方面各环节，一体推进依法治企与全面从严治党，巩固党组织在公司治理结构中的法定地位，完善党组织参与公司治理的运行机制，发挥党组（党委）把方向、管大局、促落实的领导作用。

二是注重领导干部率先垂范的作用。主要负责人应将落实法治建设、合规管理要求与推进各项重点工作同谋划、同部署、同推进、同检查，将带头厉行法治贯穿履职全过程。

三是狠抓职能部门的责任落实。加强全员岗位责任制管理，明确各岗位合规管理的职责要求，落实主体责任，汇聚法治合规工作合力。

（四）锻造一流的业务能力

打造一支高水平的法律合规人才队伍是构建世界一流企业法治合规体系的能力

保障。电力企业要坚持党管干部、党管人才，大力实施人才强企和文化引领战略举措，采取针对性措施，多渠道引入法律人才，多举措用好法律人才，全面提升法治合规队伍的能力素质和业务水平。

一是提升法治合规队伍的专业能力。设立独立的法治工作机构，加快充实专业力量，着力打造一支以总法律顾问（首席合规官）为核心，精法律、通业务、懂管理，能与世界一流企业法务人员同台竞技的高素质法治工作人才队伍，在全球范围内具备较强的规则话语权、行业引领力和价值创造力，成为企业核心竞争力的重要组成部分。

二是增强法治合规队伍的实战能力。在决策层落实“决策先问法、违法不决策”工作机制，着力增强高管人员依法决策的自觉性；在管理层积极为法律合规人员创造参与重大项目的机会，促进法治合规人员不断提升提出问题、分析问题和解决问题的能力；在工作层进一步促进业法融合，解决“最后一公里”问题，促使法治合规人员在工作实践中得以锻炼提升。

（五）实现一流的价值创造

推动中国特色现代企业制度优势转化为治理效能，是建设世界一流企业的根本前提，也是构建世界一流企业法治合规体系的核心要素。电力企业要持续深化对标世界一流管理提升行动，建立健全长效机制，以系统完备的制度固化管理提升成果，加快推进管理体系和管理能力现代化。

一是着力推动法治工作与经营管理深度融合。深入开展风险识别，对法治合规风险进行全面梳理及系统分类，明确表现形式及防控要求，突出抓好流程管控，将合规要求和管控措施嵌入关键节点，实现合规管理与经营管理的真正融合。

二是加快转变法治工作方式。要转变法治偏重业务工作后期介入的被动局面，可从顶层设计、统筹协调、总体把关、应对风险上多角度提前介入，实现法治与改革、发展、创新、治理的深度融合，彰显法治价值创造力。

附录　电力行业法治合规典型案例选编

一、法治合规工作体系典型案例

（一）中国华电集团有限公司通过“三强化”推进内控合规风险一体化建设

【基本情况】

中国华电集团有限公司（以下简称“中国华电”）按照“能合则合、可分可合、高效协同”的思路，创新构建内控合规风险一体化管理体系。它以“三个强化”为重点，扎实推进内控合规风险管理各项工作，全面提升依法合规经营管理水平，不断筑牢企业高质量发展的坚实基础。

【有益经验】

1. 强化制度引领，“一个体系”促进管理融合。构建“三横三纵”现代企业制度体系，实现了“一体系”（全集团协同一致的制度管理框架体系）、“一张网”（全集团上下贯通的制度信息化管理网），推动各类管理制度更加成熟、更加定型。一是动态做好“外法内化”工作。业务部门持续关注所管业务领域的法律法规、监管规定等“外法”的最新要求，有效识别合规义务和合规风险，及时将外部有关合规要求转化为企业内部规章制度，通过严格执行制度确保依法合规经营。二是及时匹配业务发展需要。紧跟公司加快绿色低碳转型发展需要，制（修）订集团公司《碳排放权交易和履约管理办法》等制度，及时填补新业态、新模式、新业务的相关管理制度空缺。三是创新构建合规制度体系。建立起“1 + N + X”内控合规风险一体化管理制度体系，指导公司系统各级企业持续完善内控合规风险管理制度体系，确保全面覆盖、上下贯通、有效运行。

2. 强化流程管控，“三项重点”筑牢风险防线。一是抓实合规管理重点要素。遵循“业务谁主管，内控合规风险管理谁负责”的原则，以“三单一流程”（《规范清单》《风险控制矩阵清单》《责任与权限指引清单》和业务流程）为载体，明确重点业务的合规管理标准和要求。二是抓牢合规管理重点环节。以“三项法律审查”为抓手，加强重大决策、规章制度制定和重大合同签订中的法律合规风险防控，在确保100%审核率的基础上，着力提升审核质量。三是抓好合规管理重点手段。按照“平台统一、管理融合、监控智能”的功能定位，试点建设横向覆盖重要业务领域、纵向贯通系统各级企业的内控合规风险一体化管理信息平台。设计内控合规要求嵌入规则和风险监控预警指标，设置违规操作事前提醒和阻断、风险预警提示，以及企业经营管理和员工履职违规行为记录功能，以信息化手段实现“多点联控”和“中心管控”。

3. 强化人才支撑，“三管齐下”夯实合规基础。一是加强合规管理机构建设。创新建设法律资源共享平台，以信息化手段为依托搭建平台、聚合人才，形成直属单位统一管理、基层企业共享共治、法律人才有效参与的法律风险防控平台，解决有关直属单位所属企业间法律人才分布不平衡的问题。二是加强合规管理队伍建设。集团总部明确法律工作分管领导，设立总法律顾问并兼任首席合规官；所属重要子企业全部设立总法律顾问，负责组织领导开展合规管理工作。各级企业内设部门均指定内控合规风险管理员，负责对所在部门或领域经营、管理行为的合规审查，促进合规管理与业务管理深度融合。三是加强合规宣传和教育培训。举办2022年法律合规培训班，内容包括《中央企业合规管理办法》解读、企业生产经营中涉及的重点法律法规等课程。开展合规案例征集，总结提炼合规管理经验做法和典型案例并在公司系统推广。

【案例点评】

中国华电按照中央企业深化法治建设、加强合规管理工作会议和《中央企业合规管理办法》的要求，持续巩固“合规管理强化年”的工作成效，重点突出制度完善、流程管控和专业队伍建设，健全完善以风险防控为导向、以合规管理为基础、以内部控制为手段，与企业治理体系和治理能力现代化相适应的内控合规风险一体化管理体系，创新建设横向覆盖重要业务领域、纵向贯通系统各级企业的内控合规风险一体化管理信息平台，进一步增强公司系统依法合规经营和风险防范能力，为公司高质量发展和加快建设世界一流能源企业提供有力保障。

（二）国家电力投资集团有限公司建设“四协同”法律合规风险内控管理体系

【基本情况】

国家电力投资集团有限公司（以下简称“国家电投”）通过创新方式方法，推广实施法律、合规、风险、内控协同管理模式，有效解决法律、合规、风险、内控4项职能多头领导、标准化水平低，任务交叉、集约化程度低，工作重复、成果利用率低等问题，取得了较好效果。国家电投法律、合规、风险、内控协同管理体系以流程为纽带，以体制协同、体系协同、机制协同、岗位协同为重点，以信息化、智能化、数字化为保障，聚焦关键事项实现“全周期”“场景化”运作协同，推动企业风险防控实现三道防线协同，保障了企业实现年度经营目标和远期战略目标。

【有益经验】

1. 领导体制协同。成立法治央企建设领导小组和合规领导小组，组建董事会风险（合规）管理委员会，履行风险、合规、内控专业委员会职责，把具体的法律风险、合规风险和内控缺陷纳入风险管理范畴，把风险管理体系和内部控制体系融入法治央企建设体系框架。

2. 管理体系协同。在机构设置方面，把法律、合规、风险、内控 4 项职能整合到法律部，所属 62 家二级单位中，有 54 家单位的 4 项职能归口法律部门，有 6 家单位的法治、合规职能归口到法律部，风险、内控职能归口到战略部或审计部。在制度规范方面，制定《国家电力投资集团有限公司法治建设规定》及相关配套制度，制订章程、制度、流程、合同、项目等关键事项法律合规审查指引，制定投资、环境、安全、汇率、工程等关键业务风险管理指南，推进了标准化管理。在方法工具方面，提取 4 项职能工作在计划、实施、检查、整改、信息共享、独立报告、能力培训、考核评价 8 个方面的协同因子，实现了“五同时”，即同时计划、同时部署、同时实施、同时检查、同时考核。

3. 工作机制协同。一是聚焦关键环节，实现“一岗式审查”。投资、交易等事项类业务以法律合规审查为主线，整合内控、风险管理要求，实现重大决策和合同协议审查率 100%。制度、规范性文件等体系类业务以内控合规审查为主线，整合法律、风险管理要求，实现制度流程、规范性文件审查率 100%。二是聚焦内部监督，实现“一站式评价”。组建由法务、财务、合规、风控、审计等专业人员组成的专业团队，上半年开展高风险业务、高风险项目内控评价，下半年开展内控体系有效性评价。三是聚焦风险事项，实现“全程式管控”。厘清风险事项在三道防线间的职责，形成三道防线运作协同。四是聚焦经营活动，实现“全景式支持”。借助全周期、全过程风险协同管理，推动三道防线实现更高层次的“大协同”，从而达到系统防控风险的最终目标。

4. 岗位履职协同。为保障“一岗式审查”和“一站式评价”最终落地，在岗位设置上将部门岗位分为体系和业务两大类。体系类设置法治建设岗，以整合开展 4 项职能体系性工作为主，具体包括体系建设与维护、文化宣传贯彻、培训、报告、考核等。业务类分为法律合规和风险内控两条线。法律合规条线下设置法务岗和审查岗，法务岗以日常综合性法律事务工作为主，审查岗会基于关键环节开展“一岗式审查”。风险内控条线下设置风控岗和评价岗，风控岗主要开展风险研判、专项评估、应对与监控等工作；评价岗则会统筹开展合规管理、内部控制、风险防控的综合和专项“一站式评价”工作。两条线岗位间实行 A/B 岗制，互为备岗。

【案例点评】

国家电投积极落实国务院国资委关于“法律、合规、风险、内控一体化”管理要求（四位一体），率先提出“基于法治框架的法律、合规、风险、内控协同管理”模式，并取得了良好成效。第一，进一步加强了企业风险防控，最充分地统筹了项目前期、建设期（实施阶段）、运营期、退出期“全生命周期”各阶段的风险管控；统筹了企业管理“三道防线”各维度的风险管控；统筹了职能监督、审计监督、法律监督、合规监督、巡视监督“大监督”格局下风险事项的整改和处置。第二，进一步提升了企业管理质效，进一步明晰各项职能的逻辑结构和体系界面，剔除了职责交叉、重叠的冗余工作，提升了管理效率。第三，进一步整合了企业管理资源，使风险管控第一时间响应业务需求，业务人员第一时间获得解决方案，第一时间完成业务赋能。借助协同运作，国家电投的规范管理水平大幅提升，运营管理效率明显提高，风险防控能力持续增强，人员专业素质明显提高。

（三）中国核工业集团有限公司稳步推进涉外法治建设

【基本情况】

中国核工业集团有限公司（以下简称“中核集团”）认真学习习近平总书记关于统筹国内法治和涉外法治重要指示精神，落实国务院国资委加强涉外法治工作要求，有效响应海外开发合作对涉外法治建设的内在需求，从组织领导、工作机制、基础研究、人才培养4个体系入手，建好涉外法治工作的“四梁八柱”，为集团公司国际化经营提供了有力的法治保障。

【有益经验】

1. 强化组织体系，统筹推进涉外法治工作。一是加强顶层引领。将涉外法治工作列入《“十四五”法治工作专题规划》，制定集团公司加强涉外法治工作实施意见、加强境外业务法治合规管理工作的指导意见，研究起草境外合规管理体系建设方案，着手搭建境外合规管理组织架构，将合规要求贯通到境外一线。二是健全规章制度。编修集团公司法律事务、企业法律顾问、法律纠纷案件、重大项目法律事务、法律服务机构选聘等领域管理制度过程中，明确各级总法律顾问和法律机构人员在涉外法治工作中的权责定位，以及涉外案件处置报告要求等，以制度形式保障各项工作的有序开展。

2. 优化工作体系，有效防范涉外法治合规风险。一是不断优化涉外法律风险防范工作机制。总法律顾问牵头、法务机构与业务部门分工协作、法务人员与业务人员共同配合的工作机制有效运行，确保法务人员实质参与尽职调查、商务谈判、合同起草等关键节点。二是深入推进涉外法治合规风险排查。针对人员雇用、对外合作、出口管制等高风险领域开展专项排查，研究制定了包含14个方面、100余项具体指标的合规风险排查清单和包含274个排查项的某重点领域风险排查清单。三是突出对境外业务合规管理进行专项评价。在合规评价体系中专门设置了16项涉外业务合规管理专项评价指标，进一步推动涉外合规管理的标准化、规范化。

3. 筑牢支撑体系，持续开展涉外法治专题研究。一是聚焦涉外业务中重点、难点法治问题。高质量编制重点对外合作12个国家（地区）的风险防控指引，就常见的涉外合规风险制定反海外腐败、核进出口、涉美敏感物项出口管制、世界银行项目、境外业务合规管理等合规指引，为涉外业务的开展提供明确、具体、可操作的指导。二是密切跟踪涉外政策法律环境变化。就中美双边最新经贸、核能政策、出口管制政策、制裁事件及欧盟重要立法等及时开展研究并提出法律风险防控建议。

4. 完善人才培养体系，推进涉外法治人才队伍建设。一是加强涉外法治人员配备。明确提出国际化业务较多、法律服务需求较大的单位应配备必要的法律合规人员，培育基层力量。二是着力提升涉外法治人员履职能力。充分调动各单位涉外法治人员参与涉外重大项目推进、涉外法治课题研究、重大国际会议等，促进其实务能力和理论知识双提升。举办涉外法律风险防控、出口管制等多领域的专题培训班，积极推荐骨干力量参加有关部委组织的涉外法律人才培训。三是针对关键岗位人员开展涉外法治培训。持续面向涉外业务人员开展法治培训，在集团公司党员领导干部依法治企培训中融入涉外法治内容，切实提高相关人员的涉外法治风险防控能力。

【案例点评】

中核集团作为承担国防建设和国民经济建设双重责任的中央企业，承担着“走出去”的重要任务与历史使命。在此背景下，中核集团要结合自身业务特点和实践经验，通过打出强化组织体系、优化工作体系、筑牢支撑体系、完善人才培养体系“组合拳”，有力推进涉外法治建设迈上新台阶，为集团公司国际化经营提供更为坚实、有力的法治保障。

（四）广东省能源集团有限公司以合规管理体系认证为抓手深化体系建设

【基本情况】

广东省能源集团有限公司（以下简称“广东能源集团”）积极开展ISO 37301、GB/T 35770合规管理体系认证工作，以贯标认证为抓手，深化“四梁八柱”（“四梁”即合规组织、合规制度、合规运行、合规保障；“八柱”即合规年度计划、合规风险识别预警、合规风险应对、合规审查、合规联席会议、合规报告、违规行为处罚问责、合规持续优化）合规管理体系建设，推动合规管理与法务、风控工作深度融合，实现“强内控、防风险、促合规”管控目标，切实提升依法合规经营水平，为企业的高质量发展保驾护航。

【有益经验】

1. 对标国际，以贯标认证为抓手提升合规管理标准。率先部署，分步推进，踏实践行贯标认证工作全过程，成为大型电力企业集团、广东省属国有企业中首家通过 ISO 37301 及 GB/T 35770 合规管理体系“双认证”的企业；探索“制度对标、体系融合、二方协同”的贯标认证模式，与认证机构、咨询辅导机构形成“三方合力”，基于已有的合规管理规定及安全、投资等管理体系进行修改完善，构建与企业经营管理实际、国资监管要求、ISO 37301 标准“三重符合”的合规管理体系，提升合规管理体系的适用性、有效性和可操作性。

2. 顶层优化，搭建协同、高效的合规管理组织体系。建立领导有力、职责明确、流程清晰、规范有序的合规管理组织，明确企业党委、董事会、董事会专门委员会、监事会、经营班子、分管合规管理工作领导、总法律顾问及合规管理“三道防线”的合规管理职责，促使各合规管理责任主体积极主动作为、依法履职尽责。

3. 夯实基础，构建合规管理“1 +1 +4 + N”制度体系。形成以合规方针为指导，以《合规管理办法》为核心，以《合规审查实施细则》《合规风险管理实施细则》等 4 项运行制度为配套，以投资管理、招标采购管理、合同管理等重点领域的多个专项制度、专项合规指南为辅助的“1 +1 +4 + N”合规管理制度体系。

4. 注重落地，健全合规管理“八柱并立”运行机制。建立并有效运行合规年度计划机制、合规风险识别预警机制、合规风险应对机制、合规审查机制、合规联席会议机制、合规报告机制、违规行为处罚问责机制、合规持续优化机制。

5. 优化配置，完善合规管理“三管齐下”保障机制。加强人员配备，配备专职合规工作人员，同时在各部门设立合规联络员；强化经费支持，年度费用预算列支合规项目预算，为合规管理建设提供专项经费保障。强化监督考核，将合规履职情况作为员工考核、干部任用、选优评先等工作的重要依据。

6. 建亮品牌，实现合规经营生态化。加强合规文化培育宣传贯彻，将合规文化纳入企业文化建设，将合规培训发展作为常态化培训，组织全员签订《合规承诺书》，印发《合规管理手册》，定期发布《合规信息简报》，多渠道宣传企业合规管理价值观和合规工作进展，促进合规理念深入各级企业及员工中。

【案例点评】

广东能源集团深入开展 ISO 37301、GB/T 35770 合规管理体系认证工作，形成了具有广东能源集团特色的“四梁八柱”体系建设路径，有效推动了合规管理体系的高效运转，为合规管理体系落实、落地提供了有益参考。第一，在贯标认证工作方面，完善合规管理相关制度与流程，高效保质获得 ISO 37301、GB/T 35770 双重认证。第二，在组织体系方面，全面构建起合规管理工作组织开展、执行落实、审计监督的运行体系，保证合规管理各项工作的顺利实施。第三，在制度体系方面，构建全方位、多层级的合规管理制度体系，保证各项经营管理工作有规可依。第四，在运行机制方面，形成充分、有效的“计划—实施—检查—处理”闭环管理流程，将合规管理要求嵌入经营管理流程，建立合规风险识别预警、合规审查等机制，推动合规管理机制与业务有效融合，解决合规与业务“两张皮”问题。第五，在保障体系方面，强化合规管理人员配备、经费支撑，将合规履职情况作为员工考核、任用的重要依据。第六，在示范推广方面，形成《合规管理手册》《合规信息简报》等丰富的合规文化成果，营造了良好的企业文化氛围。

（五）国网福建省电力有限公司构建“C510”合规管理体系

【基本情况】

国网福建省电力有限公司（以下简称“国网福建电力”）健全合规组织机构、完善合规制度、落实运行机制、开展合规评价、强化合规文化建设，全面打造职责清晰、制度完备、运行有效、评价科学、氛围浓厚的“C510”合规管理体系（附图1），推动合规管理能力现代化，为建设具有中国特色国际领先的能源互联网企业提供坚强的法治保障。

附图1 国网福建省电力有限公司的“C510”合规管理体系

【有益经验】

“C510”合规管理体系的基本内涵：“C”为英文 Compliance 的首字母，代表合规；“5”为合规管理的“五大体系”，即组织体系、制度体系、运行体系、评价体系和文化体系；“10”为合规管理的“十项机制”，即合规风险识别评估机制、合规风险预警应对机制、合法合规性审查及后评估机制、合规问题整改机制、合规监督机制、合规举报机制、合规报告机制、违规追责问责机制、“四位一体”协同机制、合规研究机制。

1. 聚焦权责关系，以组织架构赋能合规管理。遵循国家对中央企业合规管理建设的具体要求，根据公司合规管理指导思想、工作原则及实施路径，明确治理层、推进层、职能层、执行层的合规角色、合规职责及配置要求，充分发挥各层级、各领域的合规管理作用，建立责任明确、层次清晰的一体化合规管理组织架构体系，确保全员理解自身合规职责并有效执行。

2. 聚焦制度体系，以规则约束赋能治理提升。一是完善合规管理制度体系，构建“公司章程—合规基本制度—专业合规管理具体制度—重点领域合规指南—岗位权责清单”的分级分类合规管理制度体系，全面提升制度管理效能。二是强化制度全生命周期管理，关注外部法律法规及监管规定的变化情况，及时整理现行合规管理制度的有效性及适用性，定期对合规管理制度进行废改留增处理，保障制度的规范性与科学性。三是创新建设数字化制度评价体系，开发线上规委会等功能，强化制度从审核发布到执行评价的全流程数字化跟踪管控。

3. 聚焦闭环管控，以运行机制赋能风险防控。一是健全合规风险识别评估、预警提示、审查审核、问题整改、追责问责等机制，以全流程合规风险防控护航高质量法治建设。二是完善法律合规风险提示机制，对数据合规、工程建设合规等专业领域法律合规风险发布风险提示，强化合规风险全流程管控，规范公司经营管理高质量发展。

4. 聚焦问题导向，以评价改进赋能价值创造。按照全面性、客观性、实效性、独立性原则，对公司及各单位的合规政策、合规目标和合规方案的贯彻执行情况、合规管理体系在公司经营活动及合规风险管理过程中的有效性以及各单位、各部门的合规管理工作情况开展系统性合规评价，推动公司合规组织体系、制度体系和运行机制的健全完善，保障公司合规管理体系有效运行，推动公司合规经营，实现高质量发展。

5. 聚焦法治思维，以文化内驱赋能行动自觉。一是提炼合规主旨、价值、愿景、使命及目标，采用党委专题学习、专业合规行动、发布合规 IP 形象及文创产品等方式，推进依法合规、守法诚信逐渐成为全体员工的行动自觉和基本准则。二是围绕“特色 +”“专业 +”“社会 +”“数字 +”，突出“双循环、双融合”，形成立足电网、带动周边、服务社会的法治文化带，使之成为贯彻习近平法治思想、传播电力企业合规知识、化解涉电矛盾纠纷、展示法治企业建设成果的有效窗口，推动形成

“执法、学法、懂法、守法”的良好社会氛围。

【案例点评】

国网福建电力聚焦重点领域和关键环节，深入推进风险、内控、合规一体化管理，全方位强化合规管控与监督，切实增强全员法治意识和法治思维，为推动公司高质量发展注入法治力量。第一，合规管理能力得到稳步提升。以“C510”合规管理体系为有力抓手，在强化组织领导、完善合规制度、落实运行机制、加强责任落实、培育合规文化等方面取得了积极成效，使企业改革发展的支撑保障功能得到充分发挥。第二，合规风险得到精准有效管控。“C510”合规管理体系以风险识别为导向，推进合规管理与具体业务管控的深度融合，引导各单位、各部门建立健全合规风险治理前移的管控机制，有效提升公司合规风险管理水平。第三，合规文化引领功能得到充分释放。多渠道全方位开展合规文化建设，引导全体员工遵循“合规为先、主动合规、合规立身”的合规主旨，秉持“合规控险、合规赋能、合规创造价值”的合规价值观，使合规文化理念内化于心、固化于制、外化于行、融化于常，营造“时时合规、事事合规、人人合规”的浓厚合规文化氛围。

（六）国网浙江省电力有限公司打造基于整体智治的合规管理体系

【基本情况】

2022 年，国网浙江省电力有限公司（以下简称“国网浙江电力”）全面深化合规管理体系建设，在深化立法引领、治理完善、反垄断、经营合规、法治文化等方面持续发力，努力打造合规管理领先的法治企业管理创新应用实践，在合规管理领域形成了一整套系统、高效、实用的机制、制度体系，合规管理数字化转型等技术和模式处于引领水平，取得了良好效果。

【有益经验】

1. 首创性方面。一是促成《浙江省电力条例》出台，成为“双碳”目标提出后的全国首部地方性电力法规，从立法层面解决公司当前及今后发展遇到的一些实际问题。二是作为国网系统首家试点单位，创新研发合规管理数字化应用平台，从合规管理信息化、合规数据集成化、合规画像可视化、合规评价标准化、合规预警智能化等方面进行探索实践。三是梳理《新设企业制度必备清单》，明确 20 多个专业应当建立的制度明细，为新设企业的建立提供必备制度参照。四是编制《电网企业合规管理有效性评估标准》，从体系设计、合规运行、实践结果等角度为合规管理有效性评价提供科学依据。

2. 引领性方面。一是大力推进顶层设计，将合规管理内容纳入党委中心组理论学习，加强党委对合规工作的领导。二是深入推动业规融合，开展《反垄断法》系列学习宣传贯彻活动，梳理反垄断重点领域业务风险30项，开展客户受电工程领域、与政府签订协议等方面涉嫌垄断合规风险排查治理，夯实风险防范基础。三是探索构建基层“7＋1＋1”合规组织体系，切实将合规职能落实到“三道防线”。创新“一审两报告”合规分析机制，强化监督信息共享，服务党委决策。四是探索构建“合规360”文化体系，创建合规文化示范带，推广“抬头见规、心中思规、工作践规”的合规文化建设内涵，形成独具特色的文化品牌，提升合规引领能力。

3. 实效性方面。一是通过对电力条例的立法，促进形成全社会生态共建、成果共享、责任共担的能源电力发展新格局，取得了显著的政治效益。二是构建面向风险防控、智慧治理的大合规管理体系，建立“前期防范、过程纠偏、评价监督、违规追责”的全链条闭环机制，贯通业务、法务、监督等领域，实现对所属单位经营业务合规风险的全链条防控。三是对外推动属地政府成立电力安委会，对内充分运用各类合规宣传服务平台，推动合规普法常态化。省市联动首创“方方圆圆说合规”“师爷说合规”“三毛说合规”等系列作品，刊发《合规管理月报》33期。首次面向合规管理人员开展培训取证工作，推动公司合规从业人员专职（责）持证上岗。

【案例点评】

国网浙江电力打造的合规管理体系项目共形成25项标准文件，具有推广价值。一是立法引领方面，出台《浙江省电力条例》的做法对各地地方性电力立法具有一定借鉴意义。二是“三道防线”作用发挥方面，编修完成国家电网三大专业《风险管理、内部控制与合规管理操作指南》，协同专业部门制定《信息公开管理实施细则》《客户受电工程领域合规管理提升工作方案》《客户受电工程“三指定”典型案例集》，指导试点单位形成《业务外包合规指引手册》《劳务派遣用工指导手册》《供电所合规手册》等指引8项，对促进专业领域的合规管理具有推广意义。三是合规制度完善方面，配套制定了《合规风险预警与预警响应管理办法》《合规风险识别与评估管理办法》《合规评价与改进管理办法》《合规管理岗位职责清单》等10项文件，利用制度保障合规管理体系有效落地运行。

（七）中国华能北方联合电力有限责任公司以制度规范化促进合规管理体系建设

【基本情况】

中国华能北方联合电力有限责任公司（以下简称“北方公司”）紧紧围绕“合规管理强化年”的工作主基调，以进一步提升公司的合规执行力和履职力为目标，全面启动了合规管理体系建设工作。北方公司以“三融”（融入体系、融入业务、融入岗位)、“三重”(重点领域、重点环节、重点人员)为基本切入点,以业务流程为主线,依托公司现有制度体系,充分应用风险管理的工具和方法,构建了一套切实可行、具有鲜明企业特色的合规管理体系,推动了企业依法规范运营。

【有益经验】

1. 纲提领挈、构筑框架。制定了《北方联合电力有限责任公司合规管理办法(试行)》《北方联合电力有限责任公司诚信合规手册》,确立了合规管理体系框架,明确了合规管理组织体系和合规管理运行体系,明确了公司合规管理经营的基本要求和价值观,总结了公司经营管理重点领域的基本合规要求,并将之作为全体员工共同遵守的基本行为准则。

2. 有机补充、深入覆盖。制定了市场交易、安全生产、工程建设管理、财务税收等 12 个重点领域的专项《合规指引》,将重点领域业务内容涉及的外部监管要求与内部规章制度有机结合,对相关工作人员熟练掌握经营业务的关键合规要求进行了具体规定。专项《合规指引》与《诚信合规手册》《合规管理规定》共同构成了合规管理制度体系。

3. 全景扫描、梳理风险。对公司 15 个核心业务部门开展访谈调研,充分了解各业务合规管理现状、需求及对合规体系建设的意见、建议,组织各部门通过全面梳理各自部门经营管理流程,对重点领域进行合规风险全景扫描,以法律法规、监管规定、行业准则和企业章程、规章制度等为依据,识别出各部门经营管理过程中的红线或底线,形成各部门特色的、内外规兼备的《合规风险信息库及底线清单》共计 15 个,涉及合规风险数据信息 1549 条,底线风险 159 条,帮助管理者和一线人员全面了解和掌握日常运营中面临的合规风险,为实现风险控制关口前移、保障公司各项业务活动依法合规开展奠定基础。

【案例点评】

北方公司通过建章立制形成以《诚信合规手册》为基础,以《合规管理规定》为核心,12 册重点领域专项《合规指引》为补充的合规管理制度体系,建立了合规管理 6 项运行机制,包括合规管理会议机制、合规风险识别预警及防控机制、合规审查与审核机制、违规举报调查及问责机制、违规事件的应对处置机制、合规监督检查与评估机制,强化过程管控,持续改进合规管理体系,提升合规管理水平。借助开展综合治理专项行动,排查北方公司及基层单位违法违规事项和合规风险,提前采取预防措施,有效防范、化解风险。全面开展合规文化建设,将合规理念、知识、政策等信息传达给全体员工,帮助全体员工树立起良好的合规价值观,形成全员合规的良好文化氛围。

（八）广西桂冠电力股份有限公司构建“1446”大合规智慧管理体系

【基本情况】

广西桂冠电力股份有限公司（以下简称“桂冠电力”）践行大唐集团“十四五”发展战略，通过整合法律、合规、风险、内控资源，不断探索实践、提炼总结出符合桂冠电力发展的“1446”大合规智慧管理体系，通过“一抓手、四标化、四协同、六手册”，实现合规管理“五个零”目标。

【有益经验】

1. 统筹推进“四位一体”。一是实行“两级管控，三道防线”管控机制，所属企业在桂冠电力本部的指导、管理和监督下，建立健全本企业“四位一体”管理模式。二是通过制度的“立、改、废”，将外部监管、法律合规、风险管理的要求全面嵌入规章制度、工作标准及业务流程，完善企业内部管理制度体系。三是不断优化一体化管理体系，实现风险管理、事项审查、审计监督、激励机制、考核评价、计划报告、管理信息系统、文化建设一体化。

2. 坚持“四标化”理念。一是业务流程标准化，将合规管理融入业务发展。二是内控责任岗位化，在内部建立健全岗位责任制，明确权限分工，确保不相容岗位之间可相互制约与监督。三是控制手段信息化，有效利用现代化信息技术，实现企业的一体化集成式管理。四是监督评价常态化，结合内部控制的评价与监督，推进监督评价常态化。

3. 运用“四协同”手段。形成以体制协同为前提、体系协同为基础、机制协同为主线、岗位协同为重点，面向业务、基于流程、根植岗位的一体化运作模式。

4. 构筑“六手册”防线。编制内部控制手册，重点领域业务线风险控制手册，新能源项目开发建设风险手册，合同范本，业务部门及领导干部应知应会普法手册，重大风险、内部缺陷、法律纠纷、合规问题管控台账“六手册”，完善执行标准体系，夯实根底管理，补齐短板弱项。

【案例点评】

桂冠电力通过强化“合规尽责，坚守底线”文化理念，以“法律、合规、风险、内控”四项职能一体化运作模式为抓手，通过“四标化”途径、“四协同”手段、“六手册”构筑防线，打造“1446”大合规智慧体系，并将大合规管控手段融入企业运营管理体系，嵌入价值链条，达到“五个零”风险管控目标，不断推动精细化管理向基层、向末端、向岗位落实，护航桂冠电力高质量发展，推进二次创业“走深走实”，为建设世界一流能源供应商提供坚实保障。

（九）国家能源集团江苏电力有限公司构建“五位一体”的“智慧法治”体系

【基本情况】

国家能源集团江苏电力有限公司（以下简称“江苏公司”）构建以“制度保障”“风险防控”“案件管理”“队伍建设”“法治宣传”为“五位一体”的“智慧法治”体系，形成结构合理、配置科学、程序严密、制约有效的运行流程，建立法律、内控、审计、财务等部门各司其职、有机配合、相互支撑的法治建设工作网络。借助信息化系统“大数据”监控平台，着重从安全环保、市场营销、成本管控、运营效率、企业活力等几个方面着手，查找和分析管理漏洞。实现了依法治理、合规经营、规范管理协同推进，法治体系、法治能力、法治文化一体建设，确保企业在法治轨道上持续、健康发展。

【有益经验】

1. 强化制度保障。构建全面覆盖、权责明确、管办分离、管控有力、运转高效的规章制度体系，扎牢扎密制度笼子，强化制度执行刚性，从源头上堵塞管理漏洞、实现规范经营。强化合规建设，从思想根源、从内心深处将合规重视起来，对标学习借鉴外部先进经验，推动合规管理有效实施。

2. 强化风险防控。坚持依法依规原则，把法治要求全面融入企业决策、运营的各个环节，做到全流程、全覆盖。严防境外法律风险，做好对投资并购、资本运营等重要领域的法律保障以及对境外重点国家、重点领域法律问题的前瞻性研究。利用法律风险评估法，采取对标指引、问题导向的方法，实施以各职能部门为控制对象，对涉及人、财、物、事权等关键环节的业务流程、制度体系、管理机制的系统梳理，全面分析、辨识和排查出关键领域潜在的法律风险。

3. 强化案件管理。重大案件案发单位主要负责人亲自过问、亲自部署，分管领导及总法律顾问切实负责，法律部门归口主办，涉案业务主管部门、相关专业部门及专业律师团队共同参与。充分利用集团公司两级法务平台跟踪指导所属单位的重点案件，重点从证据梳理、律师选聘、案由与诉讼请求的选择、诉讼方向与诉讼策略的确定、法律文书的准备等方面入手，把控关键节点，全过程跟踪，提高重大案件应对、处理的综合效果。

4. 强化队伍建设。加大对没有法律背景的总法律顾问的培训力度，进一步健全总法律顾问述职制度，加快考核评价体系的建立。加快落实法律专业队伍的要求，下属各单位至少配备一名法律专（兼）职人员。组织开展系统内部法律专业认证工作，借助培训机构及高校资源开展培训，并向参培合格的总法律顾问及法律人员颁发认证证书，加快提升法律人员队伍的整体专业素质。建立健全优秀法律人才的评价发现、专业技术晋升等激励保障机制，稳定法律骨干队伍，为吸引和留住优秀法律人员创造更加良好的条件。

5. 强化法治宣传。在公司网站开辟法治宣传平台，组织公司领导干部积极参加集团公司的“学案例、促管理”巡回法治讲堂，增强各级领导干部的底线思维、理性思维、契约思维和规矩思维。坚持集中性与经常性法治宣传教育相结合，创新普法载体形式，综合利用公司内网法治宣传教育专栏、普法微信客户端、融智学习、学习强国等线上、掌上平台，开展经常性普法活动，推出“法律知识每日一问”“以案普法”“盘点每月新法律法规”等普法形式。积极参加各类法律轮训，帮助公司普法骨干和法律队伍开展素质提升，定期评选出普法优秀个人。

【案例点评】

江苏公司打造的“智慧法治”体系有效提升了企业法治建设、合规管理工作的效能升级。一是法治管理体系建设稳步推进，法治工作逐步成为公司日常工作中重要的组成部分。二是法治企业管理水平不断提升，法律审核的力度不断增强，重大案件管理成效显著，法律合规风险管控整体水平进一步提升。三是法治工作对中心工作的推进作用不断显现。围绕企业生产经营的中心任务，法治建设体系全面覆盖电力营销、供热改造、副产品销售、新能源开发建设等企业重点监管领域，有效规避了各类法律风险。

（十）中国三峡国际股份有限公司打造“内外兼顾”全面依法合规管理体系

【基本情况】

中国三峡国际股份有限公司（以下简称“三峡国际”）将“加强依法合规管理”作为“十四五”规划的五大发展重点之一，全面启动了依法合规管理体系建设工作，将内部合规管理与外部合规要求及变化有机结合，强化依法合规工作在企业经营中的全流程管控，持续深化法治合规管理组织体系与责任体系建设，具有三峡国际特色的“内外兼顾”全面依法合规管理体系在激发企业内生动力及夯实企业可持续发展方面发挥了重要作用。

【有益经验】

1. 强化依法合规管理体系建设，明确实施路线。按照“主要负责人负总责、总法律顾问牵头推进、法律事务机构具体实施、各部门和境外子公司共同参与、常年法律顾问有效补充”的工作机制，不断推动完善法律工作管理体系建设。按照“董事会—经理层—部门”的三级经营层级及“三道防线”的职责划分管理模式构建并运行依法合规管理工作体系。

2. 夯实制度规范基础，促进依法合规管理与业务高效融合。完善由《合规管理制度》《合规审查及咨询管理办法》《法律事务管理办法》《总法律顾问管理办法》《三峡国际经济制裁与出口管制、反洗钱、反腐败及反商业贿赂的核心管理原则》等制度组成的法律合规管理制度体系，并针对公司治理、出口管制与经济制裁、反腐败及反商业贿赂等六大与境外投资业务密切相关的合规管理领域展开专项管理工作，编制《三峡国际经济制裁合规指引》《香港劳工合规管理手册》等法治合规管理手册和文件，为跨国经营中重点合规领域的管理工作提供了理论依据。

3. 有效辨识法律合规风险隐患，规范境外经营行为。定期针对数据保护、劳工管理、环境保护等六大与境外投资业务密切相关的合规管理领域开展境外合规风险专项排查工作，并在此基础上拟订适应业务实际的合规风险应对方案。

4. 建立依法合规管理协同机制，调动各领域管理资源。以充分调动法治合规资源为重要抓手，形成了合规经营部牵头组织，外部专业咨询机构有效补充，内部各部门、各区域分支机构按专业职能协同支撑的“两个支点、全面覆盖”的工作机制。

5. 践行依法合规经营价值理念，加强依法合规文化建设。围绕“合规融于业务、全员主动合规、合规创造价值”的公司合规理念，着力打造公司合规文化，依法合规已成为公司各项业务的行动底线。此外，建立常态化、制度化的法治合规培训机制，对管理人员、高风险领域、关键岗位人员及出国工作人员开展有针对性的专题法治合规培训，提升公司整体的法治合规管理能力和专业水平。

6. 依法合规管理与信息系统的结合，提高了依法合规管理的效率。依托正在建设的ERP（企业资源计划）系统，进一步探索依法合规管理与现代化信息系统相结合的法律合规管理模式，借助信息化技术，逐步实现业务线上流转、工作全程留痕、控制实时跟进、风险自动预警、评价在线执行等系统化功能，逐渐减少直至消除人为操纵的因素，有效提升依法合规管理的信息化和智能化水平。

【案例点评】

三峡国际着力解决原有管理体系与新建依法合规体系兼容以及内部依法合规管理体系持续优化提升的问题，根据实际经营情况，不断强化依法合规管理体系与业务所在国的政策法律规定、相关国际政策法规及标准等外部合规渊源的衔接，不断适应复杂多变的外部市场和监管要求。依法合规管理体系已逐步从单国推动进入多国联动，从专项法律合规转向“内外兼顾”的全面依法合规体系完善阶段。主动建立健全依法合规管理体系，将科学、有效的依法合规管理体系作为企业有效应对复杂国际市场环境和多变监管政策的抓手，防患于未然，有效应对了国际投资经营中的各类政策风险，为企业扬帆海外、稳健行远提供了前提和保障。

（十一）长江生态环保集团有限公司打造“四梁八柱”合规风控管理体系

【基本情况】

长江生态环保集团有限公司（以下简称“长江环保集团”）通过加强组织、制度、机制、文化“四梁”建设，建立风险预警、合规审查、事件管理、问题整改、违规举报、追责问责、评价考核、合规报告“八柱”工作机制，打通合规管理“最后一公里”，保障企业可持续、系统性、高质量发展。

【有益经验】

1. 以组织体系为保障，压实合规管理主体责任。一是建立覆盖各层级单位、贯穿各业务领域的合规管理组织架构，明确董事会、专门委员会、经理层、合规委员会在内的企业合规管理责任，完善协同工作机制。二是在全面梳理各治理主体的决策范围和业务事项管控要求的基础上，按照“一人一表”原则编制 8 张领导班子成员的权责清单，厘清各自的工作权限。三是筑牢合规管理“三道防线”，加强市场、建设、运营、投资、合同、招采等第一道防线中重要业务领域的风险防范与处置，注重发挥风险、内控、法律等第二道防线的协同作用，强化审计、纪检、巡察等部门第三道防线的监督力量。

2. 以制度建设为基础，强化合规管理刚性约束。一是多措并举提升企业规章制度的有效性和执行力，定期开展制度“立改废”，常态化开展制度有效性评价；2022 年共新编制度 8 项、修订制度 64 项、废止制度 20 项。二是建立“1 + 10 + N”合规管理制度体系，以《合规管理制度》为核心，围绕公司治理管理、投资管理、建设管理、安全管理、运营管理、财务管理、招标管理、合同管理、员工管理、新业务管理 10 个重点业务领域，制定指导手册、实操指引、工作指南等 N 个配套文件。三是梳理制定 16 个部门的合规风险识别清单、重点岗位合规职责清单、重要业务流程管控清单，将合规管理与经营业务深度融合。

3. 以八大机制为重点，推动体系建设持续提升。一是开展合规风险识别预警，常态化开展经营业务合规风险专项排查。二是落实合规审查，将合法合规审查作为必经程序嵌入管理流程，实现规章制度、重大决策、经济合同审查全覆盖。三是加强合规风险事件管理，按照集中分层分级原则将合规风险事件纳入重大经营风险事件管理。四是推动合规问题整改长效化，通过“清单动态调整、定期推进落实、逐项销号清零、坚持举一反三”，强化整改效能。五是设立经营业务违规举报平台，及时对举报事项进行核实，定期跟踪举报问题的调查处理情况。六是加大违规追责问责力度，建立所属单位经营管理违规行为记录、员工履职违规行为记录等台账，将违规行为的性质、发生次数、危害程度等作为考评重要依据。七是开展合规管理体系有效性评价，从组织、制度、机制、文化4个方面开展自评估，强化评价结果的运用，保障合规管理体系发挥实效。八是做好合规管理报告，采用召开季度例会、提交年度报告等形式，畅通首席合规官、合规专员的合规报告和沟通交流渠道。

4. 以合规文化为抓手，提升依法合规经营意识。一是落实企业各级党组织定期学法要求，将合规管理纳入党委理论学习中心组学习、党支部“三会一课”的重要内容。二是常态化开展合规培训，将合规管理作为企业高级管理人员、重点岗位人员、新入职员工的“必修课”。三是持续加强合规宣传教育，将合规文化作为企业文化建设的重要内容，通过发布合规手册、组织合规测评、签署合规承诺等方式，营造人人合规的良好氛围，确保企业各项业务稳健经营。

【案例点评】

长江环保集团着力构建合规管理“四梁八柱”，为国有企业合规管理体系的落实、落地提供了有益参考。一是聚焦体系建设，提升法治合规管理水平。印发公司及所属企业管理体系建设方案及任务清单，逐条逐项跟进落实，进一步筑牢合规管理根基。二是聚焦风险防范，提升法治合规管理成效。抓好项目前期投入、建设管理、应收账款等重点事项的风险研判与评估，制定行之有效的应对措施，加强与巡察、审计、纪检的协同联动，有效遏制重大风险。三是聚焦重大经营决策，提升合法合规审查质量。将合规管理与业务工作同研究、同部署、同推进、同检查、同考核，充分发挥首席合规官、合规专员的审查把关作用，为重要决策提供保障支撑。四是聚焦专业队伍建设，提升员工合规履职能力。选派专职人员到律师事务所实习、发布投资常用法律制度汇编、开展法律文件法律合规培训等方式，为公司依法合规经营打下扎实的人才基础。

（十二）湖北能源集团股份有限公司“六举措”推进境外合规管理体系纵深发展

【基本情况】

2019年4月，湖北能源集团股份有限公司（以下简称“湖北能源”）成功收购秘鲁查格亚水电站项目并负责它的日常生产及运营管理，但中国与秘鲁在制度、管理等方面的差异给湖北能源开展后续管理、整合工作带来了严重挑战。为高效对接国内管控，在无成熟经验可借鉴参考的情况下，湖北能源认真贯彻建设法治央企精神，落实国际化合规经营要求，提出并实施六大工作举措，推进属地化合规管理，切实有效地防范境外经营合规风险，提升湖北能源国际化经营能力。

【有益经验】

1. 制度先行，构建秘鲁特色管理体系。编制境外企业治理制度，突出公司章程作为企业根本法的指引作用，编制《董事会议事规则》《董事会授权管理制度》《组织机构与职责手册》等制度。开展三标（质量、环境、职业健康安全标）体系建设，修编完善各项管理制度并有机融入国内制度文件要求，先后制定和发布250多项制度，涵盖电力营销与监管、人资、财务、采购、法务、职业健康安全、社区管理等各个方面，并通过国际知名检验、认证、评估机构必维国际检验集团（BV）审核认证。

2. 聚焦合规，织牢织密防控审查网络。选聘具备国内外法治合规专业知识储备人员作为项目首席合规官，提升项目合规风险预警的及时性、准确性，确保合规要求能够在项目一线得到有效贯彻执行。建设合规审查信息平台，系统梳理项目需遵守的秘鲁法律法规，并逐条转化为合规义务，明确各业务领域的合规底线及违规后果；同时，建设开发法律法规查询系统，将合法合规性审查强制嵌入，实现IT硬控制，有效防范法律风险。

3. 信息赋能，开发建设高效数字平台。开发建设SAP ERP管理系统，包括财务与会计、成本与预算管理、采购与合同、人力资源管理、运维管理、物资管理、档案管理等功能模块，以该系统作为管理平台，固化各项业务流程，确保所有日常业务活动均按照既定流程执行。

4. 中外交融，试点跨文化管理新举措。实行属地化管理，除总经理、财务总监、合规官等关键岗位由中方人员担任外，其他员工均为秘鲁本地人员。同时，做好跨文化管理和文化融合的探索与实践，从法律和道德两方面为员工提供行为指导，并将企业使命、企业精神等文化内涵与针对秘鲁当地员工特点的管理规范相融合，形成项目公司独具特色的企业合规文化，最大程度地降低跨国经营中的价值观冲突。

5. 人才培育，打造高端海外合规队伍。一是提高外派人员合规履职素质，筑牢合规经营的思想基础。二是开展外派人员合规背景调查，并将合规培训合格作为外派人员上岗的前置条件，切实提升外派人员的履职能力。

6. 投身ESG，提升中国三峡品牌形象。设立可持续发展部门专职负责ESG工作，制定环境管理政策，成立环境督察委员会，积极履行环评报告义务；成立社区居民咨询与投诉中心，建立与社区沟通联络机制，主动履行社会责任。

【案例点评】

湖北能源将合规管理体系建设作为海外资产运营的重要突破口，系统提出了六大工作举措，切实有效地防范了境外经营合规风险，为境外属地化合规管理体系的落实、落地提供了有益参考。第一，在制度建设方面，以章程为指引，编制和完善境外法人治理制度，并以质量、环境、职业健康安全管理体系贯标为抓手，将国内制度文件要求有机融入公司各项管理制度。第二，在机制运行方面，设立首席合规官全面组织开展合规管理工作，将合规管理要求融入岗位职责，嵌入业务流程，严格合法合规性审查，确保日常业务的规范运行。第三，在合规保障方面，一是加强文化保障，建立合规培训机制，将合规管理作为管理人员培训的必修内容，引导全体员工自觉践行合规理念；二是加强技术保障，开发建设合规管理信息系统，与财务、投资、采购等其他信息系统互联互通，实现数据共用共享，提升合规管理工作的效率和效能。第四，在管理创新方面，积极探索并实践跨文化管理与融合，搭建ESG合规体系，保障企业实现可持续发展。

二、公司治理典型案例

（一）中国南方电网有限责任公司打造不同治理结构的公司治理范本

【基本情况】

中国南方电网有限责任公司（以下简称“南方电网”）坚持顶层设计和基层首创相结合，以“股东会、党委、董事会、经理层、监事会”标准治理结构公司为基准，聚焦“子公司和分公司、党委和党支部、董事会和执行董事、上市公司和非上市公司”4种区别，细分不同治理结构（7种结构）、不同产权关系（全资和控股）、不同法人层级（覆盖到四级单位）、不同业务板块（管制和非管制）的治理需求，形成涵盖公司章程、各治理主体权责清单和议事规则的“1+N”治理文件范本，确保党的全面领导在制度上有规定、程序上有保障、实践中有落实。

【有益经验】

1. 对于标准治理结构的子公司，以“两个机制”推动党委与其他治理主体协同运转。一是完善领导机制。全面推行外部董事占多数的董事会制度，规范党委设置，完善和落实“双向进入、交叉任职”领导体制。二是明确权责机制。明确治理主体权责事项共151项，其中“三重一大”事项141项，既确保党委发挥领导作用，又推动股东会、董事会、经理层等依法行权履职。制定党委权责清单，区分党委直接决定和前置研究讨论事项，确保党委既把好方向又不包办代替。制定董事会权责清单，95项事项由董事会决策，充分发挥董事会“定战略、作决策、防风险”作用，同时明确36项事项可授权董事长或总经理决策。明确经理层权责48项，依法保障经理层行权履职，更好地发挥经理层谋经营、抓落实、强管理的作用。

2. 对于分公司，以“两个适度”确保党委总揽不包揽、到位不越位。一是推行党委成员和经理层适度交叉。科学配置党委和经理层成员，避免高度重叠，根据经营规模、供电范围等统筹确定党委书记和总经理是否分设。二是推行党委领导作用与支持经理层依法行权履职适度平衡，重大经营管理事项经党委前置研究讨论后由经理层以集体形式决定。

3. 对于设执行董事的企业，以“两个统筹”防止“个人说了算”的问题。一是统筹“党委书记和执行董事”。明确党委书记和执行董事一般由一人担任，以便更好地发挥党的领导作用。二是统筹法律地位和政策要求。将经理层选聘权、业绩考核权、薪酬管理权等不适合经理层自身决策的事项提级至出资人决策。重大经营管理事项经党委前置研究讨论后由经理层决定。“三重一大”以外的事项由执行董事负责。

4. 对于设党支部的企业，以“两个推动”打通贯彻落实党中央决策部署的“最后一公里”。一是推动具有人财物重大事项决策权的企业党支部发挥“把关定向”作用，重大经营管理事项由党支部委员会前置研究讨论，有效解决党支部参与治理“虚化弱化”问题。二是推动内设机构党支部发挥“战斗堡垒”作用，通过建立职能部门党支部议事清单、基层班站所党支部议事清单范本，推进党支部工作与“三基”建设、业务工作深度融合，打通贯彻落实党中央决策部署的“最后一公里”。

5. 对于控股上市公司，以“两个坚持”建立健全具有中国特色的国有控股上市公司治理机制。一是坚持融合国资与证券监管要求，以上市公司章程指引及监管规则为蓝本，系统融入党的建设、落实董事会职权等中央企业国资监管内容。二是坚持推动上市公司差异化治理，区分股东大会普通决议与特别决议程序，明确董事会特别决议事项，标注需经独立董事认可事项，细化监事会职权，增加独立董事工作规则。

【案例点评】

南方电网聚焦“子公司和分公司、董事会和执行董事、党委和党支部、上市公司和非上市公司”4 种区别，及时总结、提炼形成了 7 种不同治理结构公司治理范本，实现了“标准”和“非标准”公司治理结构的全覆盖应用，切实推动了基层治理水平的全面提升。

（二）广东电网有限责任公司完善权责透明、协调运转、有效制衡的治理机制

【基本情况】

广东电网有限责任公司（以下简称“广东电网”）坚持“两个一以贯之”，健全完善权责法定、权责透明、协调运转、有效制衡的公司治理机制，推动中国特色现代企业制度更加成熟定型，全面完成创建世界一流省网企业目标任务，有力支撑公司加快建设具有全球竞争力的世界一流企业。

【有益经验】

1. 做强基层党建引领内部治理。分层分类推动不同类型的党支部积极有效地参与公司治理，推进具有人财物重大事项决策权的非法人单位党（总）支部落实议事

清单，统筹制定公司系统非独立法人企业、独立法人企业、职能部门、班站所4类党支部的议事清单，对深入落实能源安全、服务“双碳”目标、区域协调发展等战略部署加强业务领域的统筹协调。

2. 探索董事会科学授权原则。审慎提出“法定事项不授权、实质性事项可授权、程序性事项全授权”。对于36项法律规定、国务院国资委以及上级明确监管的（如公司经营方针、基本制度制定等），坚决不授权；将与法定事项密切关联的13项实质性事项，授权董事长，以董事长专题会形式决策；将权责事项细化分解，剥离出流程性强、实操性强、价值判断依赖度小的8项程序性事项，授权总经理，以总经理办公会形式决策，支持经理层发挥谋经营、抓落实、强管理的经营管理作用。

3. 率先建立参股公司分类管控模式。依法履行出资人职责，进一步优化、完善法人层级授权工作，建立参股企业（含改革后企业）权责清单，梳理权责事项50余项，对参股公司（含改革后企业）实施差异化行权管控。在全网范围内，首次提出对参股公司及其股东会、董事会权利事项进行分类，针对不同类别的参股公司匹配不同类别的权利事项并进行差异化行权管控，集团内参股公司按照一致行动人协议实施管控，战略投资类公司对投资权益或重大经营事项重点管控，财务投资类公司加大授权。

4. 完善授权体系，落实授权到岗。全面推行管理类与专业技术类岗位授权，按照权责对等、不相容职务分离控制原则，将审批类事项按照“部门内同一事项不超过两人审查”，通过分类分级授权到岗，科学规范权责运行，有效提升行权效率。公司审批事项598项，管控节点从1710减少到1185个，实现审批节点精简31%。

5. 上下协同支持外部董事监事勤勉履职。建立“组织保障+专员联络+履职手册”的外部董事监事履职支撑体系，确保畅通外部董事监事“上情下达”“下情上传”通道；制定涵盖信息沟通、参会机制、调研机制等内容的履职保障手册，确保外部董事监事履行知情权、参会权、建议权、表决权、质询权、调研权的各项保障措施落到实处。积极探索出资企业外部董事履职全过程清单管理机制，明确在不同股东的管控要求下，各类董事会议案中外部董事的主要履职行为和审议节点，构建评价指标和考核体系，让出资企业专职董事履职有流程、有标准、有机制。

【案例点评】

广东电网积极推动公司治理从顶层设计走向规范运行，全面启动公司治理示范企业创建活动，推动中国特色现代企业制度更加成熟定型。第一，坚持权责透明，抓好“三张清单”定界面。厘清治理主体清单，重视基层内部治理；制定法人层级清单，做实控股控权参股参管；明晰岗位授权清单，将权责落实到个人。第二，规范集团协同，抓牢“三个层面”强运转。全方位支持外部董事监事履职，抓牢对上服务层；建立数字赋能治理主体行权规范，抓牢对内行权层；创新构建法人层级管控路径，抓牢对下管理层。第三，健全授权机制，抓实“三个环节”促监督。建立常态授权前评估机制，坚定执行授权中监督机制，从严督办授权后评价机制。

（三）国家电投集团江西电力有限公司以综合评价为抓手促合规管理

【基本情况】

国家电投集团江西电力有限公司（以下简称“江西公司”）始终将内控合规管理作为企业管理的重要抓手，将合规审查嵌入企业的经营决策中，线上表单审查率达到100%。2020年起对所属单位开展法治建设与风控合规综合性评价工作，通过现场评价发现问题，督促其完善法律、内控、合规、风险管理流程，提升企业内控管理水平。

【有益经验】

1. 制定内控体系评价计划。制定下发了2020—2022年内控体系监督评价三年规划方案，在全面评价的同时，抓牢专项评价工作，围绕关键环节和重要岗位流程，组织对所属单位的内控体系有效性进行监督评价，防范和化解企业风险，促进企业管理水平的提升。

2. 下达内控体系现场评价通知单。为促进现场评价工作的有效实施，提前一个月向被评价单位下达评价通知单，在准备对三级单位开展评价之前，征求纪检、审计及其他相关部门的意见，通过查阅被评价单位历年审计、巡察发现的问题及整改情况，充分了解被评价单位在经营管理中存在的薄弱环节；通过现场问卷调查及对被评价单位重点岗位人员访谈等形式，了解被评价单位存在的突出问题，从而有针对性地开展现场评价工作。

3. 制定内控体系评价方案。依照《企业内部控制基本规范及配套指引》《中央企业全面风险管理指引》，集团公司、江西公司的相关规章制度，制定内控体系评价方案，客观、公正地开展检查评价工作。

4. 健全内控评价人员使用和奖励机制。抽调内控专业人员、法务工作人员参与现场评价工作，采用“以老带新、以评代培”的方式，不断提升业务能力；建立健全内控评价奖励机制，激发所属单位内控合规管理人员参与抽调工作的积极性，不断夯实江西公司内控评价专业人才队伍。

5. 综合评价与专项评价相结合。采用座谈、查阅制度、评价资料、核查指标、询问调查、实地观察等工作方式，检查、评价企业主要负责人履行推进法治建设第一责任人职责落实情况、内控合规风险管理体系及相关管理制度建设情况、归口管理部门及内控合规风险管理职责是否明确等。在全面评价的同时，围绕重点领域及关键环节流程控制，切实开展对所属单位重点领域的专项评价。

【案例点评】

江西公司以综合评价作为经营管理的提升工具，充分落实评价成果，有效地推动了合规管理体系的高效运转。一是企业的管理责任进一步强化，对所属单位的管控力度不断增强。借助现场综合评价，全面掌握、了解所属单位的经营合规管理状况、主要问题、表现形式和产生根源，为从整个公司层面有效解决合规管理突出问题，促进企业合法、合规经营奠定了良好的基础。二是合规管理体系建设进一步完善，合规管理的有效性不断增强。借助综合评价，揭示被评价单位存在的问题缺陷，提出改进建议，促进被评价单位不断完善体系建设。三是全员合规意识进一步提高，履职能力不断增强。充分扩大评价结果运用，起到“评价一家、警示一片，整改一项、带动全面”的作用，使全体干部员工牢记各项禁止性、约束性、限制性规定，自觉遵循法律法规和规章制度的要求。四是合规管理人员业务能力进一步提升，胜任能力不断增强。采用“以老带新、以评代培”的方式进行实践练兵，拓宽了合规管理人员业务能力和实践锻炼渠道，加大了各单位业务人员交流力度，合规管理人员的理论水平和工作能力得到进一步提升。五是内控体系建设不断完善，经营合规意识大幅提升。借助三年全覆盖及专项内控评价等工作，从完善管理制度入手，优化已有表单，提升信息化水平，实现内控体系管理常态化。

（四）吉林电力股份有限公司开展面向数字化的合规标准化管理要素及数据治理体系建设

【基本情况】

吉林电力股份有限公司（以下简称“吉电股份”）以战略为引领，以“面向业务、协同运作、集约资源、提升质效”为目标，以价值流、管控流、数据流为核心支柱，搭载复合型合规管理要素，借助信息化、智能化、数字化技术创新管理工具，提出并开展面向数字化的合规标准化管理要素及数据治理体系建设工作，深度赋能业务发展和管理变革，实现合规管理体系标准化管理、一体化运作，以数据驱动三道防线协同联动、赋能价值创造，奠定合规管理数字化基础。

【有益经验】

1. 建强基础，内法外规与业务深度融合，各项业务均有规可依。借助对吉电股份及下属代表性实体企业的1800多份制度开展有效性评价，将国内外法律法规、监管规定及管理要求嵌入制度和流程中，实现合规管理与公司业务的深度融合，协助公司从顶层设计角度建立制度—流程一体化框架，确保各项业务均有制度支撑、有章可循、有规可依。

2. 建好重点，把握价值创造动脉，实现合规赋能价值化。从盈利、增长、流动性三大硬实力，对标世界一流八大软实力入手，围绕收入增长、营业利润、资产效率、企业期望四大价值驱动要素，定位 373 项关键价值活动，搭建了多维、立体、全场景的企业价值地图，确保公司的合规、风控等一系列管理工作均紧密围绕企业价值链路开展，为企业价值的创造提供有力的保障。

3. 建深体系，连点成线，编线成网，构建“横向到底、纵向到边”的场景化流程体系。按照“战略—定位—职能—职责—关键事项”的逻辑层层剖析，将 373 项关键价值活动及对应的 1531 项流程连点成线、编线成网，并与管控体系、治理结构、权力清单、职能职责相匹配、相协同，做到每个工作事项都有流程对应，每个流程都与制度协同。

4. 建活载体，依托信息化、智能化、数字化技术创新管理工具，实现合规宣传贯彻多样化。以关键价值事项为对象、以外法内规为基础、以业务流程为脉络，整合合规要求，编制《境内新能源项目投资合规专项指引》《员工合规手册》《企业合规管理手册》，为合规管理相关工作的开展提供指导，从实际业务操作、员工个人合规、企业合规三个维度进行规范。借助技术创新管理工具构建“一站式”合规管理要素库，用标准化、规范化的语言及形式将关键事项的关键合规管理要素，统一成结构化管理文档，支持员工查询及检索。

5. 建通全局，数据启智，为合规管理提供数字化的解决思路。围绕中长期的发展战略，明确数据治理体系的战略愿景、原则和目标，开展数据治理体系顶层设计，并基于数据梳理及规范化、标准化、科学化的数据资产管理机制建立数据字典，使企业数据资产视图化，实现数据从源头到应用层面链路的全景可视，保证公司数据资产安全、高质量、合理配置，奠定数据共享和互联互通的基础，为合规管理提供数字化管理手段。

【案例点评】

吉电股份通过建立与企业数字转型战略相适配的合规标准化管理要素和数据治理体系，提升了公司的规范管理水平和运营管理效率，深度赋能业务发展和管理变革，为全面数字化转型打造“管理底座”，为数字化转型背景下的合规管理实践提供了有益参考。第一，在合规体系建设方面，将过去相对独立、缺少关联的制度、流程、风险、内控、合规等管理要素进行拉通与对齐，厘清边界、理顺关系、协同运作、相互借力，实现合规管理体系标准化管理、一体化运作，推动管理规范化与运营效率双重提升。第二，在合规数据治理方面，通过提出一套务实的管理标准和方法，解决数据口径不统一或难获取等问题，以数据驱动三道防线协同联动、赋能价值创造。第三，在合规服务支持方面，围绕公司价值链上的关键场景，对分散的合规相关信息进行结构化、标准化、规范化的处理，搭载复合型合规管理要素，为各级业务人员、管理人员提供一站式、全景化的合规支持服务。

（五）中国三峡国际股份有限公司依托“三建二全”路径推动国有企业境外公司治理现代化

【基本情况】

中国三峡国际股份有限公司（以下简称“三峡国际”）于2021年12月首次在全球范围内成功同步引入境内外战略投资者，完成了混合所有制改革，实现了股权的多元化。“引战”落地后，公司从治理架构、机制、流程等方面入手，多管齐下积极探索国有企业境外公司治理新路径，提出并实施“三建二全”（创新搭建上下一体、内外融合的治理格局；精心构建权责清晰、运作协调的治理体系；科学组建多元制衡、专业高效的董事会；全方位、多渠道建立董事会决策支撑机制；全流程、多举措保障董事会议事决策效力）实施路径，不断推进公司治理的国际化、现代化，有效提升治理风险防控与合规管理能力。

【有益经验】

1. 创新搭建上下一体、内外融合的治理格局。一方面准确把握国资央企的改革要求，三峡国际和母公司三峡国际能源投资集团有限公司在治理架构层面实施一体化统筹管理，三峡集团派出董事同时在两家公司董事会“嵌套式”任职，既保证国资央企中国特色要求有效落实落地，又确保董事会运作符合战略投资人预期，契合市场规则、国际惯例和现代企业发展潮流；另一方面不断完善“双向进入、交叉任职”机制，切实落实党委书记、董事长“一肩挑”，总经理担任党委副书记并进入董事会，实现党的领导与公司治理的有机结合，推动党的建设与企业改革发展在章程制度、体制机制、组织保障、工作实践上有效对接。

2. 精心构建权责清晰、运作协调的治理体系。借助“1+2+3+4”制度体系设计（一个《公司章程》，二个党内制度《党委议事规则》《贯彻落实“三重一大”决策制度实施办法》，三项治理制度《董事会议事规则》《董事会授权管理办法》《总裁工作规则》和四个董事会专门委员会工作规则），构建既符合国资监管要求又遵循公司注册地法律法规、既满足公司自身管治需求又符合国际通行规则的治理体系，切实发挥公司党委“把方向、管大局、促落实”的领导作用，同时又使公司的市场主体地位充分体现，有效保障了企业经营活力。

3. 科学组建多元制衡、专业高效的董事会。在董事会构成上充分考虑各方股东多元化的利益诉求，合理设置董事席位，11个董事会成员中三峡集团派出董事占6

席，小股东派出董事占4席，独立董事1席，既保证大股东控制权，又充分体现小股东权益，形成正向制衡作用；此外，从派出渠道、专业背景、学历层次、文化差异等多个维度，优化董事会成员结构，打造高效、专业的董事会，引入独立董事参与公司治理，形成股东与股东之间、股东与董事会之间相互制衡的治理体制，达到多种所有制资本相互融通的最佳状态，真正激发企业的活力。

4. 全方位、多渠道建立董事会决策支撑机制。充分发挥“四个委员会”机制，保障董事会专委会切实履职，向董事会出具专业意见，为董事会的科学、高效决策提供有力支撑；创新打造“三个沟通”机制，根据不同股东的利益诉求，采取专题会汇报、一对一单独沟通、书面问询等方式，保障外部董事全面掌握决策信息，将问题解决在会前；推进构建“两个培训”机制，多措并举持续开展董事培训，按照“内外有别”原则，组织三峡集团派出董事参加国资央企系统培训，组织全体董事参加系列专项专题培训；有效利用“一个研讨”机制，定期组织召开战略研讨会，对全球经济走势、行业动态及技术前沿进行深入研讨，准确把握行业动态，提升董事会的市场敏感度和战略洞察力。

5. 全流程、多举措保障董事会的议事决策效力。以董事会定期会议计划为抓手，有条不紊地开展全年工作，引领提升公司全局工作的计划性、严肃性；通过强化会议计划执行力，促进公司各项重点工作提前部署、有效落实，提升公司全局的工作前瞻性和计划执行力，从而全面提升管理能效和管理效能。强化议定事项跟踪反馈，强化董事会决策有效性监督，形成有效“闭环”；将董事会决议落实纳入公司督办事项，定期听取经理层关于董事会决议执行情况的专项报告、董事会授权行权情况报告，以及经理层关于经营管理、预算执行情况报告和年度投资项目全面评价报告等。

【案例点评】

三峡国际“三建二全”公司治理实施路径，有效推动公司治理体系合规高效运转，为国有企业境外公司治理提供了有益参考。在治理架构方面，实现和母公司一体化统筹管理，不断完善“双向进入、交叉任职”机制，既有效保障内部监督等中国特色管理要求落实落地，又有效确保董事会运作符合市场化运作规则和各方股东预期。在治理机制方面，各项治理制度规定清晰，明确各级决策机构的决策范围和决策事项，实现了在法人层级间建立内外有别、权责清晰、制衡有效、运作协调的决策机制。在治理流程方面，建立“四个委员会”“三个沟通”“两个培训”“一个研讨”机制，以董事会定期会议计划为抓手，强化董事会决策有效性监督，充分保障董事会发挥“定战略、作决策、防风险”职能。

（六）中国三峡建工（集团）有限公司以“六化”建设强合规

【基本情况】

中国三峡建工（集团）有限公司（以下简称“三峡建工”）按照“管理制度化、制度流程化、流程岗位化、岗位职责化、职责表单化、表单信息化”等“六化”目标和要求，以BPM系统为载体，将管理规范、合规要求、风控手段融入“六化”各环节，形成规范、标准的流程体系，提高协同工作效率，构建以岗位为点、以流程为线、以制度为面的合规风险防控机制，保障各项业务依法合规开展。

【有益经验】

1. 加强制度建设，筑牢合规底线。不断强化“外规内化”，持续加强制度建设，筑牢合规经营底线；严格按照“三个100%”要求，加强管理制度的法律审核及合规审查，确保管理制度本身的合法合规性，加强合规问题的源头治理；持续开展管理对标提升，对标行业先进企业管理的典型做法及控制要求，及时修订管理制度，不断提升管理制度的合理性和有效性。

2. 细化业务流程，加强环节管控。强化业务顶层设计，严格按照内控不相容岗位分离原则，划分为若干个管理环节，将管理规范、合规要求、风控措施细化到各环节管理，实现全流程闭环管理；以流程定制度，以制度丰富流程控制要求，实现制度与流程的双向完善、交融互动；加强环节审核与管控，通过阈值控制、自动触发、流程终结等控制手段，实现自动控制，避免因制度与流程设计不合理或控制不到位导致发生内部不合规问题。

3. 细化岗位职责，明确责任划分。按照业务流程设置岗位，梳理各业务流程相同或相似控制环节形成部门职责，根据流程环节控制要素确定岗位职责，制定岗位职责合规清单，明确划分业务控制各环节责任，将岗位控制核心要点、关键要素梳理形成各类表单，将复杂的控制流程简易化，同时将流程控制效果、岗位履职情况纳入该岗位考核指标，确保岗位履职到位，进而实现流程控制到位，达到防风险、促合规的作用。

4. 加强信息共享，提升控制效率。积极推进业务管理数字化转型，搭建基于“六化”的业务管理系统，实现业务运行顺畅、流程制衡。在优化各业务流程基础上，建立统一的业务平台，打通资产、财务、预算、采购、合同及监督系统之间的壁垒，实现各系统之间信息互通、互相验证，进而提高控制效率，同时通过流程信息化控制，实现各领域、各岗位、各环节自动记录留痕，自动分析并提示预警，实现管理约束由机控代替人控，提高控制精准性。

5. 聚焦关键环节，有序分步实施。按照统筹谋划、分步实施，建用并举、急用先行原则，聚焦关键业务流程和关键控制环节，实现人力资源管理、财务管理、行政管理、投资管理、企业管理、制度管理等业务“六化”建设及功能开发。

【案例点评】

实施“六化”管理以来，三峡建工管理更加规范高效、职责更加清晰明确，效率效果明显提升。一是通过“管理制度化”，规范了所有业务、所有环节的管理要求，明确了各项经营业务开展的合规底线。二是通过“制度流程化”，将合规管理要求纳入相关管理环节，明确了合规管理对象，使流程环节更加清晰。三是通过“流程岗位化”，最大限度地优化及提升了管理效率，同时明确了合规管理的主体责任。四是通过“岗位职责化”，梳理各流程的控制要点和关键要素，形成岗位职责清单，使岗位职责更加清晰。五是通过“职责表单化”，聚焦关键审核审批要点，以表单化的形式明确各岗位职责，使管理要点更加聚焦。六是通过“表单信息化”和数字化建设，将所有的流程和表单串联起来，融入信息系统，使企业管理更加高效，也进一步实现了“人控”向“机控”的转变，使合规管理更加有效。

（七）中国广核新能源控股有限公司“智慧合规”助力新能源产业高质量发展

【基本情况】

中国广核新能源控股有限公司（以下简称“中广核新能源”）开发设计并持续优化升级合法合规信息化管理系统，实现了包括陆上风电、光伏、海上风电及光热项目在内的各新能源项目权证的动态管理和风险实时监控，为合规管理流程体系化、信息数据输入规范化、风险识别预警实时化、决策管理科学智能化、数据交互共享动态化提供了强有力的信息化支持。新能源合法合规信息管理系统于2019年11月30日取得软件著作权登记证书，于2020年9月12日获得电力信息化协作委员会优秀成果二等奖。

【有益经验】

1. 聚焦融入中心，全面助力合规管理流程体系化。将业务合规的管理要求深度嵌入合法合规信息管理系统，促使项目建设决策和执行活动可控制、可追溯、可检查，实现数据管理更加准确、业务流程更加智能、风险管控更加及时。

2. 聚焦夯基固本，着力提升信息数据输入规范化。将项目的权证信息进行初步梳理及分类，按照三级节点的方式在系统中进行设计，形成新能源项目的基本数据架构。对合法合规工作的关键子节点进行重点梳理，在信息化管理系统中设计了与业务流程相对应的数据逻辑，真正实现了业务流程信息输入规范化。

3. 聚焦数字赋能，持续推进风险识别预警实时化。在数据规范化管理的基础上，借助IT工具的使用，实现风险识别及风险预警的智能化运作。借助对项目的主要风险进行分类，实行明确的分级管控，对项目各项权证取得所需的合理办理时间进行规则设计。借助对关键权证办理时间的流程把控，对超期风险实现及时动态监控并进行及时预警，极大提升了风险的识别效率及水平。

4. 聚焦突出重点，全力保障决策管理科学智能化。采用报表输出的方式，将权证基础信息、项目类型、土地性质、权证办理进度及预计完成的时间等关键信息进行分类整合，通过 UI 交互平台（涵盖规章制度、权证获取动态、权属完善进度、重要权证进展、风险管控情况、区域分公司权属完善情况等 6 大模块）自动掌握最新的项目信息，为公司内部的各项重要管理决策提供依据，构建决策智能化新格局。

5. 聚焦转型升级，不断促进数据交互共享动态化。持续更新迭代和优化升级，以适应不断发展的业务流程和管理环境。在各区域分公司数据完善和系统功能持续优化提升的前提下，自动进行数据分析展示等功能相继实现，同时，应用场景从电脑端扩展至钉钉端，为一线人员获取制度、通知、政策和手续、进展的上报反馈提供便利通道，实现移动办公赋能。后续，合法合规系统二期的建设，将持续优化系统业务架构、核心功能模块及数据系统交互，为中广核新能源法治合规工作的开展持续赋能。

【案例点评】

中广核新能源合法合规信息管理系统将业务合规的管理要求深度嵌入信息化流程，从顶层设计、数据输入、数据处理、数据呈现、数据交互 5 个方面，实现流程对接、工作联动，为中广核新能源的全面合规管理提供了有效支撑，实现了合规管理工作的数字化、智能化转型。第一，着力提升了合规数据的质量，提升了合法合规数据的输入、运行及输出的规范性，让数据管理更加准确、业务流程更加智能。第二，有效提高了合规风险监控的及时性，为总部和各区域公司提供了完整的项目法律权属完善管理的信息上传、信息展现与数据导出窗口，促使项目建设决策和执行活动可控制、可追溯、可检查，提升监管的数字化、智能化水平，将合规管理的刚性约束落到实处。第三，降低了合规风险管控的成本，业务流程从“人控”转为“机控”，消除人为操纵因素，技术上解决了数据展示不符合要求、手动传递操作复杂的问题，为风险管控人员节省了时间和精力，有助于合规风险管理工作向高质量、向价值方面深度挖掘。

（八）乌海抽水蓄能有限责任公司实施差异化管控实现了管理模式的三个转变

【基本情况】

乌海抽水蓄能有限责任公司（以下简称“乌蓄公司”）作为抽水蓄能行业内第一家混合所有制企业，全面落实内蒙古电力（集团）有限责任公司的改革要求，发挥混合所有制“混资本、强机制、增活力、提效率”的积极作用，发挥董事会“定战略、作决策、防风险”的职能，实行差异化管理，实现了集团公司对乌蓄公司管理模式的三个转变。

【有益经验】

一是从“上下级”模式向“合作”模式转变。集团公司作为控股母公司，以股东的角色和身份，通过股东会表决、推荐董事和监事等方式行使股东权利，集团公司作为控股股东从上下级管理模式转变为股东之一的合作模式。

二是由管理向治理转变。集团公司责权下放，不再实行全方位、全业务、全过程管理，乌蓄公司充分发挥自主性和创造性，更加主动地开展工作。乌蓄公司结合实际，通过召开董事会、总经理办公会、股东会进行研究和决策，建立了区别于集团公司且具有乌蓄公司特色的内设机构和基础管理制度，真正实现集团公司从管理职能向监督职能转变。

三是由事项审批向备案转变。借助面向社会公开招聘具有丰富水利水电建设管理经验的人才，迈出了市场化选人用人坚实的一步，制定并完善公司考核体系及相关标准，在履行内部决策程序后将结果报至集团公司备案，集团公司作为控股股东方，以充分获得知情权的备案代替事项审批，及时了解乌蓄公司经营决策情况，有效避免了在经营过程中由单一股东决策带来的权责不清问题，使公司更加符合市场化运作机制，切实增强企业的活力与动力。

【案例点评】

乌蓄公司按照“权责法定、权责透明、协调运转、有效制衡”的现代企业治理标准，由控股股东提供指导意见，通过“制度 + 清单”模式，明确了公司各治理主体的权责边界，实现了集团公司对乌蓄公司管理模式的三个转变，使其依法定程序自主决策，有效推动公司依法合规开展管理经营工作，保障内部治理主体各司其职，协调运转。

三、制度建设典型案例

（一）国家能源投资集团有限责任公司构建“3 + N + X”合规制度指引体系

【基本情况】

国家能源投资集团有限责任公司（以下简称“国家能源集团”）坚持以习近平法治思想为指导，落实国务院国资委法治合规工作部署，按照抓实全产业链、全业务领域合规，抓深重点领域合规的思路，构建了“3 + N + X”合规制度与指引体系，使法治合规管理得到有效加强。

【有益经验】

1. 突出系统全面，进行合规管理顶层设计。按照抓实全产业链、全业务领域合规，抓深重点领域合规的思路，顶层设计了“3 + N + X”合规制度与指引体系。其中，“3”指《合规管理规定》《诚信合规手册》《违规经营投资责任追究工作管理办法》3 个基本制度，明确了集团依法合规经营管理的总体目标任务；“N”指《合规审查实施办法》《境外投资财务管理办法》《违规经营投资责任追究工作程序实施细则》等专项制度，对境外投资管理、违规投资责任追究等重点领域的合规管理要求进行规范；“X”包括煤炭、火电、水电、化工、新能源等重要产业和海外反腐败反商业贿赂、劳动用工等重点领域的合规风险预控指引，围绕各产业板块和重点领域的具体内容细化合规风险管理流程，落实合规管理要求。

2. 完善 8 项机制，切实保障合规闭环管理。在持续开展“3 + N + X”合规制度与指引体系建设的同时，突出对重大合规风险的管控，着力强化合规全周期管理，完善了专项审查与通用审核相结合的合规审查机制、分层分类的合规风险识别预警机制、定期与即时相结合的合规风险报告机制、合规风险应对处置机制、违规问题整改与结果运用长效机制、经营业务违规举报机制、违规行为追责问责机制和合规管理有效性评价机制等 8 项机制，基本形成了事前强化规范预防、事中突出监督审查、事后落实考核问责的闭环运行体系。

【案例点评】

国家能源集团创新构建了具有国家能源集团特色的“3 + N + X”合规制度与指引体系，并通过完善 8 项机制，落实制度全生命周期管理，实现了管理制度化、制度流程化，确保法律合规管理体系的高效运行，全面提升了制度管理水平。

（二）中国电气装备集团有限公司构建“三层”制度体系

【基本情况】

中国电气装备集团有限公司（以下简称“中国电气装备”）自重组整合起始阶段，便坚持“制度先行”的原则，瞄准“电气技术引领者、能源革命推动者、绿色发展践行者”战略定位，以构建起“权责清晰、层次明确、流程简化、简单管用”的三层制度体系为目标，加强业务梳理，厘清权责界面，明晰职能定位，优化工作流程，改善制度文风，着力推进制度“立改废释”全生命周期管理，充分发挥制度指引方向、规范管理、提高效率、防范风险和推动融合的重要作用。

【有益经验】

1. 强化顶层设计，构建“三层”制度体系。制定《总部三层制度体系建设方案》，努力推动制度管理体系化、规范化、标准化。根据制度与上位法规的相关度和规定的颗粒度，将制度划分为基本制度、职能制度、操作规范三个层级，并逐层细化管理要求。根据制度的主要内容，将制度划分为公司治理、战略管理、经营管理、保障支撑、党建管理5个类别，并逐个细化制度分类。根据制度的效用，将5类制度定位为把方向、守底线，明战略、定目标，配资源、聚合力，强基础、做支撑，凝人心、鼓动力等功能，向上积极承接合规监管要求、向下有效融合现有管理活动、中间突出总部核心职能和管控重点，初步构建起以公司章程为基础，以“三重一大”决策制度实施办法为载体，以各治理主体议事规则为主要支撑的“三层”制度体系。全年累计发布制度249项，基本实现各项生产经营活动有章可循、有据可依。

2. 强化治理运作，完善法人治理结构。坚持“两个一以贯之”，将加强党的领导和完善公司治理统一起来，实现“党建入章程”全覆盖。制定党委前置研究事项清单，充分发挥党委“把方向、管大局、促落实”的作用。制定“三会一层”议事规则，建立规范、有效的公司治理运行机制和配套制度，厘清各治理主体的权责边界。加强董事会建设和规范运行，64家应建董事会子企业实现外部董事占多数，29家重要子企业积极落实董事会职权。制定《董事会授权制度》，明确股东会、董事会授权事项清单，有效保障经理层依法依章行权履职，并按照“授权不免责”的要求，强化授权事前、事中、事后管理。制定《外部董事履职保障方案》，充分发挥外部董事的积极作用，为促进科学决策提供有力支撑。

3. 强化协同监督，确保制度执行效能。成立审计与风险委员会、监督委员会，构建“党统一指挥、全面覆盖、权威高效”的大监督体系，推进审计监督、纪检监督、巡视监督有机衔接，将制度体系是否完备、制度执行是否严格作为监督检查的重点。着力构建业务部门监督、法律合规职能监督、审计纪检巡视监督“三道防线”，共同推动“三层”制度体系的有效运行和持续改进。

【案例点评】

中国电气装备重组整合后，按照国企改革三年行动要求，经过一年多的实践探索，以制度建设持续凝练改革成果，以钉钉子的精神扎实推动改革走深走实，不断提升企业治理效能，基本形成了科学制定制度、自觉遵从制度、严格执行制度、坚决维护制度的良好局面，为建立现代企业制度、夯实高质量发展根基奠定了坚实基础。

（三）浙江省能源集团有限公司编制境外业务合规“一制度五手册”

【基本情况】

浙江省能源集团有限公司（以下简称“浙能集团”）将合规组织架构、重点行为、重点环节、重点人员作为主要合规管理对象，形成了一套以“合规制度为总纲，合规管理指引手册为抓手，合规管理培训为强化举措”的具有浙能集团特色的“三位一体”合规管理体系。2022 年，针对合规风险较高的境外业务领域，浙能集团编制出境外业务合规“一制度五手册”，实现了集团合规管理制度体系的迭代升级。

【有益经验】

1. “一制度五手册”的主要内容。“一制度五手册”即《境外业务合规管理细则》（以下简称“管理细则”）和《境外业务合规指引手册》（以下简称“指引手册”）。管理细则明确了境外业务合规管理的管理对象与适用范围、职责与分工、重点业务与管理要求等内容，成为集团《合规管理办法》在境外业务领域的专项实施细则。指引手册分为总册和分册，总册是对合规指引的制定目的、作用和基础要点进行阐释。分册按照集团主要开展或重点关注的境外业务类型分成境外投资、境外工程建设、对外贸易和境外公司经营四项分册，分别阐述各境外业务活动的业务流程、主要合规要素、合规管控关键点、主要部门和合规职责，其中穿插案例分析、合规规则和政策信息的介绍，使合规指引手册的内容更加丰富且通俗易懂。

2. “一制度五手册”的特色和亮点。一是参照境外跨国企业和部分央企的合规指引手册风格，在语言表述和章节体例设计上有别于制度，强化了可读性和易懂性。二是结合能源企业实际，指引手册中穿插《能源项目收购法律尽职调查要点》《能源项目股权转让协议主要条款与法律合规审核要点》等个性化内容。三是指引通过确定“规”的范畴，明确合规义务，评估合规风险，对境外重点业务和重点人员予以风险提示或建议，对合规要求基本进行了全覆盖。四是引入国际规则和部分境外重点合规立法及典型案例，与国际化要求相接轨。五是进一步明确了集团对合规管理的坚定立场，从公司和个人等角度分析了违规后果及严重性，以期发挥合规指引手册的警示作用。

【案例点评】

浙能集团通过制定合规指引手册的形式，抓好合规管理重点领域的建设，提升了合规管理的规范性。境外业务合规“一制度五手册”内容紧贴浙能集团工作实际，形式和内容丰富生动，注重可读性和可视性，并与国际化要求相融合，内容全面，重点突出，具有较强的生命力，是浙能集团合规管理体系建设的主抓手。

（四）中国华能集团燃料有限公司创新开展“合规 + 制度”管理模式

【基本情况】

中国华能集团燃料有限公司（以下简称“华能燃料公司”）坚持以“规范管理，制度先行”为原则，创新开展“合规 + 制度”管理方法，建立起良性运行的企业规章制度体系，为加快提升依法合规经营管理能力水平、推动创建一流燃料公司打下坚实基础。

【有益经验】

华能燃料公司将本次“合规 + 制度”管理模式分为“前期、中期、后期”三个阶段，各阶段目标明确，全面构建起企业规章制度体系。

1. 前期：注重架构，全面梳理现行制度体系。一是从集团整体架构入手，做到“制度零空白”。全面完善公司制度列表，正式行文明确 431 项制度要参照集团执行、157 项制度不适用于华能燃料公司，为开展制度“废改立”工作打好基础。二是从企业治理体系入手，做到“制度分专业”。把制度与业务结构一一对应，将公司制度体系按照实际业务类型细分为基本制度、行政管理、新闻宣传、信息化、燃料管理、港航管理、工程建设等 30 项专业类别。三是从业务职责分工入手，做到“制度专人管”。实现每一项专业业务要明确对应至少一个责任部门，建立起“业务—专业—制度—责任部门”之间的相互联系，确保规章制度有人负责、有效执行。

2. 中期：追求质变，全面优化专业制度体系。一是制度管理部门提建议。对公司现行制度进行梳理，形成制度修订建议表。二是访谈沟通定方案。根据沟通协商的结果，确定公司制度建设分工表，组织各部门针对 167 项制度开展时效性审查，研究制定 2023 年制度建设计划。三是职能部门废改立。采用合并同类项、时效性审查、查缺补漏等方式，2022 年，华能燃料公司累计新建制度 18 项，修订制度 23 项，废止制度 38 项。

3. 后期：强化落实，构建联动闭环管理新途径。一是合规管理部门将制度规范嵌入合规风险库。按照专业分类分别对应“合规义务”，做到每一项风险点有据可循、有规可依。二是职能部门加强宣传贯彻并建立问题反馈机制。通过宣传贯彻会、文件解读、日常交流、宣传栏等各种渠道，切实加大制度宣传贯彻力度，促进员工熟悉相关文件要求，做到理解无歧义、操作无障碍，确保各项制度的流程规范、顺利运转。三是监察审计适时开展日常监督检查。围绕燃料采购、港航经营、“三重一大”、期货、科技环保等重点领域制定监督检查表 20 张，定期按照制度规范要求开展监督检查，共同建立起全面有效的监督制约机制。

【案例点评】

华能燃料公司全面梳理公司制度列表，健全优化制度体系，建立起高效协作、联动闭环的制度管理机制，为以制度建设为抓手、全面提升合规管理能力提供了有益参考。第一，从思想层面推动责任落实，做到“制度零空白、制度分专业、制度专人管”，减少和预防企业违法违规行为出现。第二，从专业层面促进规章制度全覆盖，形成“集团公司—二级单位—基层企业”三级制度体系，切实提升各专业制度体系的覆盖率、科学性、时效性和系统性。第三，从机制层面确保制度刚性执行，建立起与规章制度相对应的合规风险预警、审查、应对、报告、问责及评价机制，及时消除生产经营风险隐患。第四，从监督层面实现闭环管理，及时查找制度中存在的漏洞与不足，确保制度的时效性。

（五）中国长电国际（香港）有限公司创新境外反腐败合规管理

【基本情况】

中国长电国际（香港）有限公司（以下简称“长电国际”）是中国长江电力股份有限公司的全资子公司。2020 年 4 月，长电国际收购了秘鲁第一大配电公司——路德斯公司。路德斯公司在原股东美国公司的管理下，建立了一套以 FCPA 为基础的反腐合规体系。路德斯公司在收购后面临境外属地市场和中央企业监管的双重合规义务，中国、秘鲁和美国多法域的法律冲突，中秘两国的文化差异，以及应对美国“长臂管辖”等诸多问题和挑战的情况下，长电国际结合路德斯公司实际，对反腐合规管理进行制度分析、风险排查、体系完善、全面改进，有效地实现了合规管理的对接和落地。

【有益经验】

1. 研究反腐制度，排查合规风险。一是对比研究路德斯公司《防腐败、洗钱和恐怖主义融资政策》等 15 项新旧反腐合规系列制度，了解路德斯公司反腐合规管理机制；二是会同合规专项法律顾问，就美国 FCPA 落实情况与路德斯公司法律合规、内部审计等部门进行访谈交流，掌握路德斯公司反腐合规管理实际做法；三是对比分析集团公司、长江电力、三峡国际的相关制度，找到路德斯公司反腐合规制度待改进、需对接的关键节点，在充分了解路德斯公司反腐合规制度体系后，对路德斯公司反腐合规风险开展全面排查。

2. 完善管理架构，用好“第三道防线”。建立了以路德斯公司董事会为核心的合规管理架构。董事会由长江电力委派的中方董事和外籍董事构成，增设风险与合规委员会作为董事会合规管理专门委员会，充分发挥董事会审计委员会的职能，加强对路德斯公司的合规管理行使监督职责。风险与合规委员会和审计委员会分别从合规建设与合规监督两方面协同配合，形成董事会合规管理的“两翼”，在机制上保障境外反腐合规管理行之有效。

3. 改进合规管理，实现制度对接。一是在股东层面，一方面实现了路德斯公司反腐合规制度延伸管理，在礼品、业务招待费用等方面制定了比原股东更加严格的限制；另一方面，设置大股东举报热线，强化了股东方的腐败监督。二是在董事会层面，通过增设风险与合规委员会，强化审计委员会的职能，并建立与之相应的重大事项审批及日常事项报告机制，实现反腐合规管理和合规监督“两翼齐飞”。三是在管理层层面，从组织机构、管理机制和绩效考核三方面深化反腐合规管理。

【案例点评】

长电国际在面临境外属地市场和中央企业监管的双重合规义务、多法域潜在法律冲突、文化差异等问题和挑战的情况下，通过寻找不同因素之间的“最大公约数”，力求解决冲突，完成制度再造，为中央企业海外反腐败合规管理提供实践案例参考。第一，在组织体系方面，通过增设董事会风险与合规委员会，强化审计委员会职能，设置经营层道德委员会，在董事会和管理层层面同步加强反腐合规管理，形成合规管理与合规监督“两翼齐飞”。第二，在制度管理方面，通过对制度的深入研究和对比分析，找到管理对接的关键问题和环节，进而完善制度体系，实现管理对接。第三，在强化落实方面，把反腐合规体系建设纳入路德斯公司管理层的年度绩效考核，确保反腐合规制度得到切实遵循。

四、法律保障典型案例

（一）中国核工业集团有限公司实现合同全生命周期闭环管理

【基本情况】

中国核工业集团有限公司（以下简称“中核集团”）立足集团公司全产业链特点，开展合同全生命周期闭环管理，从管理制度、资信审查、流程设计、合同审核、履行监督等全方面加强规范管理、提升管理成效，以高质量合同管理工作为集团公司高质量发展提供了有力保障。

【有益经验】

1. 在“定义”上下功夫，明确合同管理的业务范围。一是明确应当纳入管理范围的合同类型。借助“是否具备合同的法律特征”来界定管理范围，用不穷尽列举方式介绍常见的合同类型，较好地解决了“协议不是合同”等认识误区。二是明确不应当纳入管理范围的合同类型。规定劳动合同和军工预研合同不在管理范围之内，在《合同规范化管理指引》中解释两类合同不纳入的原因是法律依据的不同，较好地解决了随意缩小合同管理范围的问题。三是明确哪些合同是重大合同。将集团公司党组会、董事会、总经理办公会决策事项涉及的合同规定为重大合同，保证了合同与业务的重要性一致。

2. 在“权责”上定规矩，确定参与合同管理各部门的职责。一是明确合同承办部门的职责。规定承办部门负责资信审查、合同履行等 8 项职责，厘清承办部门与其他参与部门的权责界面，确保了相关部门职责清晰、责任明确。二是明确参与合同管理的部门范围。以风险能否有效防范作为主要考量，确保法律部门全面参与，其他哪些部门会签由承办部门自行确定，有效避免了“应审未审”和“所有部门都来审”两个管理误区。三是明确其他参与部门的审核责任。结合相关部门的业务职责来确定应当在合同管理中承担的审核责任，有效提升了相关审核环节的专业性。

3. 在“流转”上重规范，理顺合同管理流程。一是构建“合同随业务”管理思路，明确合同是业务事项的载体，有效避免“以合同审核替代经济事项审核”“以合同签署替代经济事项决策”。二是通过“流程互通”打通合同管理的上下游业务链，将采购、付款与合同管理衔接，较好促进了前置程序和后置业务的规范管理。三是通过“简繁分流”做到重大合同严格管、一般合同高效管，规定建设工程施工等六种情形重大合同应当经过合同评审，防控重大合同风险。四是通过“流程互认”促进管理高效，规定经济事项决策时一并附带合同文本且相关部门审核通过的，视同已履行合同审核程序。

4. 在“入口”上严把关，加强合同相对方的资信审查。一是强化主体资格审查。通过企业信用信息公示系统等查询合同相对方的主体资格信息，防范与认缴注册资本巨大但实缴金额较少或认缴期过长、没有实际经营场所、股权关系复杂且实际控制人不清三种企业合作的风险。二是强化专业资质审查。借助核查合同相对方的资质证书等，排查是否存在以 A 类资质替代 B 类资质、以低等级资质替代高等级资质、没有资质但借用有资质企业名义签订合同的情形。三是强化信用情况审查。借助查询合同相对方涉诉和信用信息，核实是否存在大量法律纠纷、是否存在恶意违约或恶意诉讼、是否被列入失信被执行人名单。

5. 在“载体”上严要求，抓好合同文本的法律审核。一是坚持高标准审核合同，坚决杜绝“违法合同”“虚假合同”“倒签合同”，避免发生“补签合同”。二是以促成交易成功和防控风险为目的，客观揭示问题，提出合理、可操作的修改建议，避免片面追求效益放大风险或过度控制风险阻碍项目落地。三是提高合同内容的规范程度，用好法言法语，保证条款前后自洽，避免内容与我方真实意思不符、条款前后矛盾、表述存在歧义。四是推广示范合同文本。发布多个示范合同文本，既便于承办部门减轻起草合同的负担，又提高了合同审核效率，更增强了合同文本的规范化。

6. 在“签署”上务实效，加强合同的授权管理。一是构建“业务事项谁决策、合同谁签署或谁授权”管理思路。促成采购委托合同、战略合作协议等主要类型合同的签署人（或被授权人）与业务决策人保持一致。二是可以多种方式灵活开展合同的签署及授权。提供合同管理信息化系统、请示签报、专项授权委托书、年度授权委托书等多种形式的授权方式，便于实践操作。三是规定被授权人为部门主任及以上职务，避免授权范围过大导致管理失控。

7. 在“风险”上强管控，督促按约履行合同。一是加强合同履行监督。定期开展合同履行情况自查和检查，强化纠纷预警。二是增强制度刚性。规定员工违反合同管理要求引起法律纠纷并造成重大经济损失的予以严肃问责。三是强化监督协同。加强巡视、审计、法律纠纷案件管理等方面的工作配合，及时发现成员单位合同管理问题并督促整改，适时总结共性、典型问题和经验。

8. 在“创新”上善探索，提升合同管理成效。一是注重发挥合同作为“当事人之间法律”的作用，保障上级单位和集团公司管理规定有效落地。二是注重发挥合同规范管理作用，确保产生争议时有据可依。三是注重发挥合同管理桥梁纽带作用，协助落实各关联业务管理要求。配合保密工作，在合同管理中落实涉密合同的保密条款和保密协议要求。配合采购工作，将采购立项审批单作为采购合同发起审核程序的必备要件。配合财务工作，在合同程序中明确付款安排便于支付管理。

【案例点评】

中核集团开展的合同全生命周期闭环管理工作，经过实践验证行之有效、符合实际，能够较好解决合同管理难题，提升合同管理成效，防范合同法律风险，达到了预期目的，相关举措已固化为《中国核工业集团有限公司合同管理规定》《合同规范化管理指引》和《合同管理常见问题清单》，以制度规定和管理指引方式，督促、引导各单位进一步加强合同管理，促进中核集团整体合同规范管理水平再提升。

（二）国网冀北电力有限公司以“四个一”为抓手助推重大决策合法合规性审核机制落地

【基本情况】

国网冀北电力有限公司（以下简称“国网冀北电力”）创新推出“四个一”工作着力点，助推重大决策合法合规性审核机制落地，升级依法决策保障。在强化业法融合、业规融合的基础上，以“一制度、一要点、一表单、一指南”为抓手，建立协同高效的重大决策合法合规性审查审核机制，让法律审核成为决策“绕不过”的必经程序，提升重大决策合法合规性审查审核质效，确保公司法治保障走深走实。

【有益经验】

1. 贯彻落实“一制度”。将《国家电网有限公司重大决策合法合规性审核实施办法》纳入党委中心组、“三会一课”等学习安排，加强领导班子依法决策和依法履职能力建设。

2. 修订明确“一要点”。更新修编《重大决策合法合规性审核事项细化清单及审核要点》，精准定义 5 大类 27 小类的重大决策事项，细化重大决策事项的范围及“重大”的界定标准。

3. 制定执行“一表单”。制定《决策会议议题申报单》，健全决策议题会前审查机制，将重大决策合法合规性审核情况纳入基层企业负责人绩效考核和对标体系。

4. 指导推行“一指南”。印发《重大决策合法合规性审查审核指南》，针对各类重大决策事项逐一进行分析描述，在每类决策事项下列明审查审核的详细要点、普遍涉及的法律法规和制度条款，分类选编法律意见书示范文本，指导各单位更加全面、有效、精准地开展审查审核工作。

【案例点评】

国网冀北电力构建以“一制度、一要点、一表单、一指南”为工作抓手的重大决策合法合规性审查审核机制，有效提升重大决策合法合规性审查审核质效，为“一体四翼”发展提供法治保障。十年冀北、法治同行。国网冀北电力坚持全面落实依法治国战略，坚持“基业长青、法治先行”理念，全面推进法治企业建设，不断增强法治意识，健全法治体系，规范法治流程，统筹法治资源，厚植法治文化，持续用力、久久为功。

（三）深圳供电局有限公司以“四个创新”构建数据合规管理体系

【基本情况】

深圳供电局有限公司（以下简称“深圳供电局”）以电网数据资产的“内增效、外增值”为目的，通过“四个创新”实施路径，即创新数据权属分析和保护途径、创新数据分级保护管理机制、创新数据应用场景和商业合作模式、创新数据地方立法，构建数据合规管理体系，为深圳供电局开拓数据价值和市场前景保驾护航。

【有益经验】

1. 紧抓法律核心问题，创新数据权属分析和保护途径。一是分析欧盟、美国与国内数据法律、法规、政策的异同，预判国内数据立法趋势和重点。二是将电网数据分为电网企业生产数据、营销数据及管理数据，明确各类数据的所有权和使用权主体、电网企业数据权益及保护方式。三是定制化合规风险分析，结合应用场景，基于数据的内部使用及外部应用，明确合规风险防范举措和合规程序。四是回归管理实效，提出优化建议，建立健全电网企业数据资产分级保护及管理制度、完善商业合作合同、授权委托书等法律文件，细化数据收集、使用、保密、违约责任等关键条款，加强个人信息数据的审查和脱敏处理等。

2. 完善数据合规管理，创新数据分级保护管理机制。一是做好顶层设计，明确电网数据管理主体责任。二是建立《深圳供电局数据资产目录》，对深圳供电局拥有的电网数据进行统一整合、提炼，以便于提升数据质量和后续应用。三是建立数据无条件共享、有条件共享、不可共享的分级保护机制，严把数据出口关。四是建立数据全生命周期的质量管控和全域数据认责体系，形成全域系统数据可由数据中心统一提供的管理模式。五是以配网管理数字化转型为切入口，建立统一的配网数据管理及应用标准。

3. 聚焦数据价值开发，创新应用场景和商业合作模式。一是开发电网数据商业化应用，建立了电网企业、数据服务公司（电网企业下属公司）、数据需求方（征信机构、银行等）的三方合作模式。二是规范电网数据共享机制，针对司法部门等有权机关的办案需求，国安基于国家安全目的调取用户数据等法定情形，应予以配合。三是针对政府收集电网数据的需求，明确相关法律和政策依据，对数据需求的必要性、使用范围和保密、销毁措施等出具书面说明，可有条件共享经二次加工或脱敏处理的数据。

4. 营造良好法治环境，创新数据地方立法。积极参与《深圳经济特区数据条例》立法工作，共反馈立法意见19条。提出与政府交换、共享数据的方式方法及数据脱密原则，明确企业简化用户授权、脱敏数据的商业运营规则，力求为电网数据的合规应用提供明确的法律依据和长远的法治保障。

【案例点评】

深圳供电局针对数据管理业务领域，以“四个创新”为路径构建数据合规管理体系，为新兴业务合规管理提供参考。第一，在合规基础方面，紧抓法律核心问题，创新数据权属分析和保护途径，从无到有形成数据合规管理的理论依据和管理要求，为后续开展合规管理奠定了法理基础。第二，在机制运行方面，以合规管理的要求为出发点，规划数据保护及数据商业运营过程中需要的管理流程，在此基础上构建制度管理流程，有助于推动合规管理机制与业务有效融合，解决合规与业务“两张皮”问题。第三，在法律保障方面，提前研判未来可能发生的业务场景，构建合规的商业模式，并就不同业务场景分析对应的合规风险，解决了在市场化运作过程中“重业绩、轻合规”的问题。第四，在运行保障方面，充分利用研究成果，融入深圳地方立法，深度参与《深圳经济特区数据条例》立法，将数据合规管理中发现的问题和需要政府支持的事宜融入立法，为合规管理从内规向外法转变提供示范。

（四）大唐国际发电股份有限公司制定建设工程合规风险防控专项指引

【基本情况】

大唐国际发电股份有限公司（以下简称“大唐国际”）从招投标阶段开始总结归纳所存在的合规风险，并贯穿于合同签署、建设施工、竣工结算等建设工程项目的整个生命周期。发布《建设工程合规风险防控指引》，充分揭示建设工程存在的合规问题并加以防范，确保建设工程项目的顺利开展和及时竣工结算，实现减少建设工程案件新增数量，避免造成损失的合规风险防控目的。

【有益经验】

1. 做好建设工程项目招标阶段的合规风险防控。一是以工程造价预算为基准，合理设置标底，科学制定价格评审规则，防止恶意低价中标导致工程建设产生工程质量、工程价款等诸多争议。二是根据建设工程具体情况，合理选择工程项目的计价方式，对工程款的调价机制做出较细致的规定。三是对承包方的工程分包行为做出明确规定，禁止分包方违反法律规定再次分包。四是对履约保证金的提供形式做出明确要求，即要求承包方以现金、支票、银行汇票以及银行保函的形式提供履约保证金。

2. 做好建设工程合同签署阶段的合规风险防控。一是遵循平等、明确的原则设定违约责任条款。二是明确违约责任的承担标准，便于在实际适用中清楚地计算出需承担违约金的数额。三是遵循优先选择法院管辖和有利于自身的原则设置争议解决条款。四是选择仲裁作为争议解决方式时，准确约定仲裁机构的名称，避免因约定不明、错误等因素导致仲裁条款无效。

3. 做好建设工程项目施工阶段的合规风险防控。一是加强对建设工程总承包方和分包方的管理。认真审查分包方的建设工程资质、信誉、人员队伍等基本情况，对总承包方与分包方之间的工程款项的结算进行监督，杜绝层层分包可能导致的工程施工质量、进度、工程预算的失控，避免陷入建设工程合同纠纷。二是及时解决建设工程施工过程中的争议事项。争议产生初期要及时协商，厘清争议事实，明确争议事项的责任划分，尽快取得协商一致的解决措施。在解决争议的过程中要时刻树立证据意识，对于往来函件、签证单等证据材料要注意原件的妥善留存。

4. 做好建设工程项目竣工验收、结算阶段的合规风险防控。一是建设工程项目建设完成后，要督促承包方提供工程验收材料，对工程进行及时验收。二是建设工程验收通过后，要及时开展工程的审计和结算工作。应与审计机构提前做好沟通，确保审计工作的及时开展。做好对审计中介机构的管理，充分行使委托方的权利，避免审计报告延期出具，给企业造成不利影响。

【案例点评】

大唐国际制定《建设工程合规风险防控指引》并组织所属企业认真学习，定期排查建设工程合规风险，并逐步建立起建设工程领域的合规风险防控机制，从而提前识别及掌握存在的合规风险并予以化解，有效推进建设工程项目的顺利开展，切实减少建设工程领域案件新增数量，避免企业因建设工程纠纷案件造成损失，取得了良好效果。

（五）大唐陕西发电有限公司提高招标采购合规管理水平

【基本情况】

大唐陕西发电有限公司（以下简称“大唐陕西”）积极探索“1+1+8”大监督体系，即建立1个统一监督体系、构建1个协同监督机制、实施8项监督抓手，开展采购管理全周期监督。将发现的问题纳入各单位绩效，建立问题库，在公司范围内通报，以案促学，提升采购与物资管理水平，实现公司采购领域“零违纪”目标。

【有益经验】

1. 建立1个统一监督体系。本部设立采购管理职能部门，配置监督专岗1人，基层企业设置采购监督专员20人，建立健全采购专业监督组织和管理体系。配齐各基层单位采购督察员，通过采购监督网格化管理，时间、空间责任全周期管控，指导基层单位合规开展采购工作。

2. 构建1个协同监督机制。本部建立采购监督协同机构，定期召开协调会议，业务主管部门联合纪检、巡察、法务、风控、审计、工程、财务部门构建“大监督”机制。公司本部、基层企业及采购代理机构参与全过程、全方位、多层次的联动监督，上下联动，同向发力，形成合力，做到权力制衡、管控到位、监督有力。

3. 实施8项监督抓手。一是坚持负面清单统领采购监督，研究制定了37项负面清单，指导基层企业有序开展采购工作。二是坚持重点项目全面覆盖监督，对20万元及以上非招标采购、紧急采购、单一来源采购、自行采购、终止采购项目实现全面覆盖监督，占非招标采购金额的78%及以上。三是坚持集中采购全程跟踪监督，二级集中采购招标项目实行招标人代表现场集中评标，评标时认真开展“五个全程，一个不定期”工作。四是坚持供应商管控专项整治监督，在采购环节加强对供应商资质和履约能力的审查，评审环节固化供应商核查流程，对涉嫌围标、串标和资质信誉造假等行为“零容忍”。五是坚持评标专家履职动态监督，近三年，因专家资格及专业不符合评标要求，更换专家28人次。六是坚持到货物资验收质量监督，以“逢货必验”“逢验必报告”的原则开展验收工作，重点打击存在以次充好、履职不到位的现象和行为。七是坚持采购综合评价深度监督，对基层企业采购全流程监督和评价计划管理、采购管理、仓储管理、合同管理、专家履职管理效果，按月累计扣分排名。八是坚持压实全员主动责任监督，压实三级监督责任，创新采购监管要点。

【案例点评】

大唐陕西通过“1+1+8”全周期采购监督管控，结合激励及培训机制，让所有人参与到采购监督工作中，堵塞了管理漏洞，优化了采购流程，建立了长效监管机制，化解了经营和纪律风险，提高了公司系统采购效率和质量，促进了采购效益提升。

（六）昆明电力交易中心有限责任公司以合规在线监测赋能电力市场诚信建设

【基本情况】

昆明电力交易中心有限责任公司（以下简称“昆明电力交易中心”）遵循“线下—上线在线—数字化”合规发展路径，系统构建电力市场业务合规模型，率先建设电力市场合规管理体系，搭建全国首创的电力市场合规监测管理平台，开展电力市场注册、交易、结算等关键领域、关键业务、关键流程的合规监测，基本实现了市场核心业务在线合规管理，用信息技术为电力市场合规诚信建设赋能，为“法治央企”数字化合规管理进行了有益探索。

【有益经验】

1. 聚焦全面覆盖，充分识别电力市场合规义务和合规风险。率先完成电力市场合规义务识别，形成“法律法规、政策要求、行业标准和公约、规章制度”等4类合规规则库，收录合规规则1194项，识别合规义务683项，形成18份覆盖规则制订、准入退出、交易、结算、信用管理、信息技术等关键业务的合规义务清单，并将识别成果形成专著《电力市场合规管理探索》出版。

2. 聚焦关键核心，创新搭建业务合规模型。基于合规风险的量化分析，合规管理平台侧重于市场核心业务的合规风险管控，对683项合规义务和118条合规风险逐一分析，提炼了覆盖注册、交易、结算等关键合规风险的7个业务合规模型。在对业务模型分析的基础上，提炼业务和管理流程，形成可执行、可量化、可开发的合规指标库，为合规监测和合规分析判定奠定基础。

3. 聚焦精准控制，业务流程开展嵌入式管理。在市场主体注册、交易、结算等关键节点构建合规管控点，在业务系统中设计并采用参数阈值管控、合规后果强制提示、操作流程检测、区块链锁定结果等技术手段进行管控。对于合规风险较高、业务频次较高的交易市场开启、交易结果发布、结算清单发布，系统采用双人交叉审核。结合市场主体的市场全生命周期，构筑完整的业务合规链，实现业务原生合规风险的内控嵌入式融合管控。

4. 聚焦实时防范，持续监测业务合规关键风险。合规管理平台坚持前置预警、源头防范，从数据中心、业务系统获取历史关键时点交易数据、结算数据、市场主体基础数据、计量数据、管理数据等，基于合规风险阈值、合规风险点和交易规则等与业务系统现有实时数据进行对照、计算、核验。根据业务频率设置自动监测时点，自动扫描既定的合规风险。2022 年 1 月合规管理平台正式运行以来，开展业务合规实时监测 2271 次，涉及数据 4428 万项。

5. 聚焦科学处置，快速处置合规预警和合规事件。基于合规管理平台大数据、精准、高效的监测信息反馈，合理区分合规预警事项和合规告警事项进行处置。可以提炼预警情景的事项，及时通知业务经办人加强管控，2022 年处置合规预警 15 起，较好预防了电力市场事件的发生。已经形成的合规事件，及时报告全面依法治企委员会严肃调查和处置，实现风险的动态监督、评价与纠正，持续发挥合规管理的激励作用。

【案例点评】

昆明电力交易中心作为信息化程度较高的科技型电力交易机构，在构建电力市场合规管理体系的基础上，在全国率先打造了电力市场业务合规监测系统，在合规信息化建设方面积累了充足的经验。第一，在方向引领上，由法治建设第一责任人的全面依法治企委员会整体统筹，为业务合规监测提供系统建设和接口支持、业务流程嵌入支持、人力资源支持。第二，在实现路径上，整理可能的合规风险点，相应投入信息化资源进行科学精准管控，实现合规风险的动态预警和及时处置。第三，在协同作用上，将信息化平台作为管理工具，更好地实现了“事先识别—事中监测—事后处置”合规管理动态完整闭环，从而真正形成了“人人讲合规、事事要合规”的良好氛围。

五、风险管控典型案例

（一）国网吉林省电力有限公司创新研发“法业融合”智能巡检 App

【基本情况】

国网吉林省电力有限公司（以下简称“国网吉林电力”）聚焦“防范风险、护航安全”这一主线，创新开发了“法业融合”智能巡检 App，以“互联网 +”、大数据和人工智能为载体，以“四库”为支撑，将法律风险排查治理嵌入电力设备巡检全过程，实现设备日常运维管理和法律风险防控数字化、一体化管控，推动风险管控从“事后补救”向“事前防范、事中控制”转变，实现法治风险防范职责和举措穿透落地，打通法业融合“最后一公里”。

【有益经验】

1. 推动法业深度融合。创新建立“四库”（设备缺陷、安全隐患和法律风险三个标准库和现场巡视场景库），构建各标准库间的映射关系。一线人员在巡视线路时，App 会自动提示巡视路径和内容，自动上传巡视结果，真正实现法律风险与缺陷隐患同排查；设备部门根据法律风险和缺陷隐患等级的高低，统筹制定计划并安排实施整改，实现法律风险与缺陷隐患同治理；借助巡视任务签到和整改结果验证等功能，精准掌握巡视人员的工作量及工作质效，全面筑牢法律合规风险的“第一道防线”。

2. 推动基层减负提质。App 内置自动签到、地图导航、离线巡视、自动识别、语音输入、智能归集等功能，化烦琐的巡检任务为简单的信息采集，巡视人员仅需按提示完成数据采集，即可实现一次录入多重应用。以清单化的底层设计，推动业务实施规范化、标准化，实现减负和提质并重，得到基层运检员工的一致好评。

3. 推动存证规范高效。App 中内置触电、火灾等常见的法律风险事件证据采集内容及要求，当现场发生法律风险事件或应急抢险时，专业处理人员到现场可先根据 App 提示逐步、逐项采集证据，再进行现场处理和恢复供电等工作。在风险排查治理及法律风险事件现场采集的照片、视频等证据，系统会自动在现场生成时间戳、地理位置坐标及设备名称水印，以完整性、规范性、关联性提升证据的证明效力，为法律纠纷处置及保险理赔提供有力支撑。

4. 推动成果多元赋能。App 现场数据实时采集、内外网数据交换、巡视整改闭环管控等功能设计，汇集设备状态和运维的基础数据源，实现与设备、安监、法律、人资等部门信息系统的互联互通，集成共享，为杆塔资源综合利用、数据增值服务等新兴业务奠定基础，为人资部门优化人力资源配置、精准实施业绩考核提供了数据支撑。

【案例点评】

国网吉林电力基于电力巡检的特点，打造了“法业融合”智能巡检 App，既是落实法治央企建设要求的有效手段，又是法业融合走深走实的重要媒介。第一，提升了员工的合规意识和识别风险的主动性。用现代科技为基层人员提供智能支持，降低因工作能力、经验不足导致风险发生的可能性，大幅提升员工查找风险的主观能动性。第二，提升了业务人员的法律风险识别能力。利用 App 的自动识别、实时提示和现场指导等功能设计，使基层专业人员能快速胜任风险管控工作，有效弥补其能力不足的短板。第三，提升了风险识别治理的管控力度。App 将法律风险防控和设备主人制要求明确到岗到人，对巡视整改任务实施全周期监控，确保按期、按量巡视线路，按质、按标准排查了法律风险，以员工履职行为画像推动设备管理人员履职尽责，实现法律风险防控职责落实落地，是可参考、可复制的“规业融合”典型范例。

（二）深圳供电局有限公司以全流程精细化闭环管控实现法律纠纷案件高质量管理

【基本情况】

深圳供电局有限公司（以下简称“深圳供电局”）深入推进案件全过程管理，不断增强依法维权能力，为深圳供电局建设具有全球竞争力的世界一流企业提供坚实的法律支撑。案件胜诉率连续 5 年保持 100%，公司法律人员法律案件独立代理率位居全南方电网公司前列。

【有益经验】

1. 提前部署涉外纠纷案件的应对机制。一是预判今后涉外案件的主要发案类型和发案趋势，梳理明确涉外案件在主体公证认证和管辖法院、连接点、准据法的适用等重要程序性问题，为后续解决涉外供用电合同纠纷案件等涉外法律案件搭建清晰的争议应对路径。二是全面研究前海司法及争议解决模式，研判深港法律规则衔接机制及发展趋向，形成前海合作区涉外争议解决指引，为服务前海深化改革提供有力法治保障。

2. 坚持深入推进法律纠纷案件预警机制。业务部门和所属各区供电局动态排查可能转化为法律纠纷案件的法律隐患，落实法规部的指导意见和业务整改要求，通过前端风险防控，电量漏计、用电业务变更等传统多发案件发案数量有效减少。

3. 应势创新法律案件管理模式。一是实行法律案件“双管理人制”，综合考虑案件金额、复杂程度和社会影响等因素，明确发案单位参与案件共同管理的人员配置，确保发案单位业务有跟进、信息有共享、案源有整改。二是优化案件代理律所管理方式方法，对重要案件适用“法律专职人员 + 业务人员 + 外部律师”的“1 + 1 + 1”法律案件联席研讨机制，充分发挥内外部法律资源协作效能。三是创设案件红黄绿灯可视化管控，根据案件重要程度分级优化管理举措，持续提升内部案件管理精细程度。

4. 持续开展案件管理经验总结。一是坚持做好案件总结，提炼近年来新发案件趋势、类型、原因和防范举措，通过常态化召开专项会议，印发法律案件分析报告、法律风险提示函、年度典型案例通报等方式，及时提示业务上的管理缺漏和法律风险。二是搭实法律案件与内控合规的联动通道，针对市场营销、安全生产等五个重点业务领域分别编制《常见类案法律风险实操指引手册》，梳理明确各业务领域下的实操法律风险点，针对性提出法律风险防范举措，辅以翔实的案发后取证指引，形成“以案促管、以管促效”的双向提升链路。三是持续提升公司法律人员独立代理案件的能力和经验，将独立代理的案件类型拓展延伸至供用电合同纠纷、劳动争议、相邻权纠纷等多个类型，并做好独立代理经验总结，确保独立代理“质”“量”兼备、全部胜诉。

【案例点评】

深圳供电局引入卓越的绩效管理理念进一步提升了法律案件的管理水平，实现了“前端防控—中端协作—后端改进”全流程闭环精细化管理。第一，提前部署涉外纠纷案件的应对机制，探索形成完善的前海合作区涉外争议解决指引。第二，坚持深入推进法律纠纷案件预警机制，防案发于未然。第三，创设“法律案件双代理人”机制，形成案件代理法务和业务合力。第四，创设“法律专职人员 + 业务人员 + 外部律师”的“1 + 1 + 1”重要法律案件会商机制，适用案件红黄绿灯可视化精细管控。第四，坚持做好近年来新发案件趋势、类型、原因和防范举措总结工作，在基层单位落实“以案促改”要求。第五，编制多个业务领域《常见类案法律风险实操指引手册》，分类梳理业务实操法律风险点，提出法律风险防范举措。

（三）云南电网有限责任公司构建案件全过程管理体系

【基本情况】

云南电网有限责任公司（以下简称“云南电网”）基于案件管理“源于业务、服务业务、支撑业务、保障业务”的出发点，通过数字化、可视化、“两盘”“双代理”等创新方式立体管控，优化案件管理流程，推动案件管理迭代升级，取得了关键指标逐年提升、避免大额经济损失、推进营商环境优化等成效。

【有益经验】

1. 以“四个机制”为基础升级案件全过程管理。借助系列举措做实案前预警及纠纷处置机制、案中“以我为主、协同各方”机制、案后分析与评价机制、监督问责与风险防控闭环机制，提升案前预警及纠纷处置效能，从隐患排查着手，做好提示、编制指引。

2. 创新驱动减负增效。将案件结构化、数据化，实现案件信息的汇集和快速输入输出，实现案件信息的电子归档。引入成熟的“沙盘推演”和“复盘”管理工具，全面排除诉讼盲区。借助回顾目标、评估结果、分析原因三个环节及收益矩阵，固化案件办理经验、提炼近期及远期管理提升举措。建立法律人员（代理律师或专兼职法律人员）+ 业务人员共同代理的“双代理”和业务部门人员“案件旁听”机制。

3. 多措并举释放案件价值。借助主动诉讼、支付令、司法确认、司法调解、律师函、法律参与谈判等多种方式在多业务领域主动维权，避免或挽回企业损失。编制并向特定部门及单位发送风险提示书，提示案件暴露出的风险，提供风险防控建议。坚持法融业务，由果推因，发现公司相关合同、管理制度、流程及执行中存在的问题或缺漏，推动合同、管理制度、流程优化，提升管理水平。以典型案例为蓝本，编制宣传图册、微信软文释放普法价值，并在系列交流培训中引用法律案例宣传法律知识。

【案例点评】

云南电网案件全过程管理体系的构建与实践，有助于实现从被动处理案件向主动管理案件转变，帮助企业尽可能对案件的发生做到心中有数、事前有预案。有助于实现从单纯关注法律问题到全面考虑管理问题转变，用管理工具来管理案件、以案件管理来促进企业提升经营管理水平。有助于实现从单纯法律视角向关注商业视角转变，通过有效的管理手段在案件管理中最大限度维护企业利益，保护企业价值创造。

（四）华能江苏能源开发有限公司强化新能源项目全过程风险管控

【基本情况】

华能江苏能源开发有限公司（以下简称“华能江苏”）以“紧抓三个环节、提升三种能力”强化项目全过程管理，聚焦风险防控，重点关注用地、屋顶租赁、合同履约、电费回收等风险，提升新能源项目法律合规管理水平，为公司高质量发展提供坚实的保障。

【有益经验】

1. 抓项目前期管理，提升风险管控能力。对新能源项目公司设立、项目选址与谈判、用能方尽调、能源管理协议签订等方面提供全流程法律合规审核。全年共审核新能源项目投资协议 23 份，章程 16 份，参与率达 100%，出具新能源项目法律意见书 46 份，提出意见建议 60 项。

2. 抓项目过程管理，提升风险化解能力。协助基建部门紧盯合同履约，保证项目进度。协助公司纪委开展在建新能源项目合同履行情况专项检查，发现未及时跟踪履约保函时效性、未主张违约考核等共性问题，督促及时整改。召开分布式光伏开发法律风险防范培训会，提升新能源法务专业水平。组织开展投资等重点领域合规风险专项排查，共排查出涉及新能源工程建设法律风险问题 5 起，均已完成整改。

3. 抓项目运营管理，提升企业治理能力。重点盯运营手续、设施维护、售电收取确认入账、电费回收，督促业务部门做好手续和证照办理，完善出质保程序。针对分布式光伏电费回收难点问题，积极推动通过银行托收、电网代收等方式落实电费回收，确保颗粒归仓。公司审计部、财预部针对分布式光伏投运后的运营风险，及时开展专项审计监督和财务合规检查，有效促进了新能源项目效益和价值的提升。

【案例点评】

华能江苏加强新能源全过程法治合规管控，系统化地提出了“紧抓三个环节、提升三种能力”路径，为新能源法律合规管理提供了有益参考。第一，在新能源项目前期，对新能源项目公司设立、项目选址与谈判、用能方尽调、能源管理协议签订等方面提供全流程法律合规审核，维护公司权益。第二，在新能源项目建设中，督促业务部门紧盯合同履约，保证项目进度。开展新能源合规风险专项排查，督导项目单位主动整改。组织开展新能源法律合规培训，发布新能源政策法规提示，实现新能源项目法律审核的专业化、常态化、系统化。第三，对项目运营管理，督促业务部门做好手续和证照办理。强化信息共享，针对新能源项目开展审计监督和财务合规检查，总结经验，诊断短板，以评价强管理，以指导促合规。

（五）国家电投集团云南国际电力投资有限公司建立“举一反三”案件风险防范机制

【基本情况】

国家电投集团云南国际电力投资有限公司（以下简称“云南国际”）全面加强法律纠纷案件管理，建立了“举一反三”案件风险防范机制，对内强化诉讼方案的研究策划，对外积极协调诉讼资源，采取公司员工与外部律所代理案件相结合的方式，发挥内外合力解决纠纷。2022 年共结案 5 件，避免及挽回损失 1000 余万元，收回执行款项 400 余万元。案件总体数量相较上一年有所减少，新发案件相较上一年大幅度下降。

【有益经验】

1. 健全法律风险防范机制。将法治要求全面融入企业决策运营各环节，贯穿管理各层级和业务各岗位，织密“防护网”、筑牢“防火墙”。提升经济合同、规章制度及重大决策的法律审核质量，将法律审核嵌入管理流程，做到应审必审、应核必核。持续开展法律风险预警提示，定期排查境内外法律风险，深入研究绿色转型、提质增效、体制改革、科技创新、国际化发展等工作中的法律问题，防范化解重大法律风险。

2. 规范公司诉讼案件管理。加强法律纠纷案件论证及诉讼相关工作的过程管理和跟踪，密切关注其他潜在的法律纠纷，注重事先把控环节，推进多元化解决纠纷机制，积极运用法律手段推进欠款回收、群众纠纷化解等工作，维护企业合法权益。

3. 因案施策，一案一策推进案件执行。结合不同案件存在的不同问题，持续深化做好案件相关管理工作，一案一策推进案件管理，总结分析在案件应对过程中的不足，吸取教训，举一反三。加大奖惩考核力度，对依法维权成效显著的单位按照规定兑现奖励，进一步促进主体责任的落实。

【案例点评】

云南国际建立健全统一管理、分类指导、分级负责、专人跟进的案件管理体系，通过对公司发生的典型案例的分析、提炼，反思管理中存在的薄弱环节，总结分析在案件应对过程中的经验教训，做到举一反三。围绕法律纠纷易发、高发、频发领域，定期开展法律风险隐患排查，根据排查结果，对潜在的风险事项尤其是重大风险事项，及时制定风险防范应对和化解措施，防止矛盾纠纷扩大升级，进一步规范公司法治工作机制，不断提升依法治企的能力和水平。

六、依法维权典型案例

（一）中国南方电网有限责任公司超高压输电公司全面落实“以我为主、协同各方”办案机制

【基本情况】

中国南方电网有限责任公司超高压输电公司（以下简称“超高压公司”）把每个案件都作为典型案例来应对，全方位加强案件的全过程管控，通过“法律诊所”定期研讨典型疑难案例，10 年来案件胜诉率保持 100%。超高压公司承办的王家坝煤矿压覆矿案件胜诉结果为电力工程压覆矿纠纷和案件处置提供示范性经验，解决了电网企业面临的压覆矿补偿难题，有助于推进国家矿产资源开发和电网工程建设良性发展。

【有益经验】

1. 领导高度重视亲自研究谋划，多方支持合力取胜。建立重大案件主要领导专题研究、分管领导分包管理、法律部门具体承办的法律案件管理机制，压紧压实办案责任，做细做好办案环节。在主动维权意识的带动下，针对运行过程中输电线路线行下树木高价赔偿、重复赔偿及久商不决等突出问题，主动提起多宗排除妨碍的诉讼，通过法律途径不仅主动消除了线下超高树木的安全隐患，而且使赔偿标准不一、反复赔偿等问题得到解决。

2. 多领域通力合作高度协同，上下齐心力争胜诉。坚持“以我为主、协同各方”的办案机制，上下统一思想，设备、安监、基建等部门进行专业协助，对工程从设计塔基选址、工程验收合格到运行技术标准等整个过程进行细致认真的梳理，锁定对公司有利的确凿证据，为案件胜诉奠定坚实基础。

3. 发挥案例正向反馈作用，提升经营管理水平。对近 10 年的典型案件进行全面研究分析，首次发布法律案件与合规管理白皮书，将海量的“数”化为决策的

"据"，深入查找案发原因及探寻法院裁判思路，根据法律案件暴露出的内控合规风险，反思及完善风险防控措施，着重提升问题解决能力、风险防控能力与价值创造能力。提炼形成可推广、可借鉴的南网压覆矿典型案例，编写压覆矿纠纷案件处理工作指引，提出电网建设工程压覆矿风险防范措施，为高效解决存量及后续工程建设可能出现的压覆矿问题提出了具体解决措施。

【案例点评】

超高压公司全方位加强案件全过程管控，10 年来案件胜诉率保持 100%。借助持续优化类案办理标准，推行案件提级管理，出实招推进法律人员独立应诉，深度挖掘法律案件的管理价值，实现法律案件管理与经营管理的有效融合。在历时 4 年受到电力、矿产两个行业高度关注的王家坝案件鉴定及审理过程中，超高压公司提出应按塔基安全深度标准认定是否压覆、仅就直接损失给予补偿等诉讼主张，最终得到最高人民法院的全部支持。在司法层面首次确立了压覆行为无主观过错不构成侵权、压覆认定既要考虑重叠情况又要考虑对开采的影响、压覆补偿采用成本而非价值补偿原则等三个有利于电网建设的司法裁判观点。

（二）中国大唐集团有限公司内蒙古分公司有效应对风机设备采购合同纠纷

【基本情况】

2015 年，中国大唐集团有限公司内蒙古分公司（以下简称"大唐内蒙古公司"）与某风机制造商签订风机设备采购合同，大唐内蒙古公司按照约定完成部分货款的支付。后来，因某风机制造商发生债务危机，双方签订协议利用合同约定中未支付的尾款自行采购备品备件及相关服务。2019 年 9 月，某金融机构浙江省分公司以应收账款质权纠纷案由向浙江省杭州市中级人民法院提起诉讼，并冻结大唐内蒙古公司欠付某风机制造商的货款。大唐内蒙古公司积极应诉，建立了党委顶层谋划、主要领导亲自负责、总法律顾问全面领导、法务管理机构主责推动、各职能部门协同配合的管理体系，全力做好该纠纷案件的应对工作。

【有益经验】

1. 强化组织领导，提升案件应对时效性。一是加强组织领导。公司第一时间成立了法治建设领导小组、重大风险化解攻坚领导小组、风机设备采购合同纠纷问题处置领导小组，由单位主要负责人担任组长，对该案件亲自研究、部署协调、推动解决，切实履行法治建设第一责任人职责。二是做好过程督导。定期组织召开专题会议研究案件处置情况，全面厘清案件争议焦点及应对思路，对案件推进情况进行分析研讨，对关键节点的应对方案进行权衡部署。

2. 细化工作举措，确保案件处置有抓手。一是加强方案论证，有针对性地开展工作。坚持“一案一策”工作原则，全面剖析案件应对举措及处置方向，多方研判，最终形成完善的诉讼/仲裁方案及案件应对方案。二是注重上下联动，高效协同应对案件。分公司与集团法务部门、对口专业部门、兄弟单位及基层企业保持紧密联系，上下联动、协同推进，在集团公司统一指导下推进案件处理。三是强化主体责任，扎实开展证据梳理。在用好外部律所的同时，坚持以我为主，组织各涉案单位及相关业务部门与代理律师共同进行证据材料梳理，共向审判机关提交了335份重要的证据材料，为案件的胜诉奠定了坚实的证据基础。四是进行庭前演练，不断完善诉讼材料。五是紧盯案件进程，取得有利裁决。借助多种方式的结合，跟进仲裁委加快裁决进度，成功在质权案二审判决前取得胜诉裁决，成为扣减质权案案涉金额的重要佐证材料。六是把握“打谈结合”，积极推进调解工作。在兼顾主体利益合理化与总体利益最大化的原则下，结合风机设备状况、质保期未满等实际情况，多次反复测算质保期内各项费用情况，为最终实现有利调解成果提供了充分的决策支撑。

3. 以案为鉴，提升风险管控与主动维权能力。一是加强风险预警，建立合规长效机制。着力加强在前期发展、投资决策、招标采购、合同履行等各环节的风险管控，合同必备要素进行严格约束，进一步强化对各类合同从新建、流转、归档到履行的全过程动态化、信息化管理，签订合同实现100%法律审核，做实做细基础性工作。二是强化源头治理，及时标记风险。常态化开展纠纷隐患排查，定期组织开展线上风险评估以及民企欠款等多角度、深层次的纠纷隐患排查活动，把推进风险化解作为办公案头上的一项日常重点工作认真落实，将纠纷化解在萌芽状态。三是“以案为鉴”，形成长效机制。深刻剖析发案原因，加强案件分析总结，编制典型案例汇编，将行之有效的经验做法及时转化为企业规章制度，嵌入业务流程，持续提升法治工作风险管控能力与主动维权能力。

【案例点评】

大唐内蒙古公司历经4年的不懈努力，通过诉讼手段为案涉项目安全生产运营提供了合规资金保障，实现了“以案创效”，为企业经营管理“提质增效”作出实际成效，也全面维护了国有资产的安全及企业的合法权益，并借助重大法律纠纷案件化解成效，助推各级人员形成从被动的“要我合规”走向“我要合规”的行动自觉，形成了风险源头管控的长效机制以及案件管理的完整流程。

（三）上海勘测设计研究院有限公司创新多元诉前准备措施

【基本情况】

上海勘测设计研究院有限公司（以下简称“上海院”）是三峡集团的控股子公

司。2010 年，上海院与中国水利水电第十一工程局有限公司组成联合体，共同中标了常州市运北片防洪节点工程大运河东枢纽、串新河枢纽、南运河枢纽建设—移交（以下简称“常州 BT”）项目。上海院牵头组织成立了常州 BT 项目公司，即上海晟德瑞投资开发有限公司（以下简称“上海晟德瑞”）。该项目于 2016 年完成验收，但赶工费、抢险费、延期开工材料及人工调差费用补偿、融资损失、税费损失等合计 2300 余万元款项尚未结清，在长期交涉无果后，上海晟德瑞提起诉讼。

【有益经验】

1. 高度重视案前策划，围堵诉讼风险。总法律顾问亲自指导，法务人员、代理律师、工程项目人员与财务人员多频次召开案件分析会议，形成《证据分析报告》，多角度深入剖析、谋划，制定诉讼策略，评估各诉讼策略的利弊及应对措施，最终形成《诉前评估与策划方案》，经公司总经理办公会集体讨论决策后实施。

2. 模拟法庭实战演练，充分研判案件争议焦点。常州 BT 案时间跨度较长，涉及项目建设和投融资多个领域，案情较为复杂。鉴于原被告双方对于案件事实和法律适用的认知有较大的差异，上海院通过模拟法庭实战演练，充分研判案件争议焦点，对被告方可能提出的抗辩及反诉，提前做好应对准备，修正诉讼策略的漏洞。

3. 维护国有资产与化解矛盾相结合，实现成效最大化。本案业主方为常州市水利建设投资开发有限公司和常州市水利工程建设处，是上海院在常州市场开展水利工程项目的重要合作伙伴。为维持好与常州市场的良好合作关系，一方面，向业主方先后两次发出催款函（含公证催收）和律师函，以延续诉讼时效；另一方面，积极与业主进行沟通、磋商，力争能够协商解决争议，回收应收账款。

4. 法务与业务双剑合璧，做到“1 + 1 >2”。为提高诉前准备效率，公司法务人员、代理律师与常州 BT 项目经理进行实地考察，收集照片和书面证据，并就涉案工程物理结构功能效用、诉讼关注的要点和疑问进行充分交流。业务与法务有效形成合力，紧密配合，推动案件调查取证，提升了办案质量。

【案例点评】

常州 BT 案是上海院 2022 年的重点案件，该案件时间跨度长，涉案金额大，诉讼请求类目多，案情复杂。上海院结合自身实际和个案特点，创新诉前准备措施，为提高法律纠纷应诉能力和风险管控能力提供了有益参考。第一，高度重视案前策划，谋篇布局，评估诉讼策略的利弊并制定好应对措施。第二，面对不同领域结合、多诉讼请求的复杂案件，在诉前准备中创新性开展了模拟法庭演练，充分研判案件争议焦点，提前做好应对，提高法律纠纷抗风险能力。第三，诉讼维权的同时，积极主动和业主方沟通、磋商，先礼后兵，取得业主方的充分理解，平衡好维护国有资产与化解矛盾的关系。第四，公司法务人员、代理律师和常州 BT 项目经理进行实地考察，收集一手证据材料，业务与法务有效形成合力，推动案件调查取证，提升了办案质量。

（四）三峡资产管理有限公司有力推动遗留问题案件妥善处置

【基本情况】

三峡资产管理有限公司（以下简称“三峡资产”）是中国长江三峡集团有限公司辅业资产处置、经营和盘活的专业平台，是由多家国有老企业整合而成的一家新企业。因老企业几十年来的历史沉积，遗留问题错综复杂。为此，三峡资产高度重视遗留问题引发的案件管理工作，坚持以法为盾，全面深入推进依法治企，通过“树立目标、明晰责任，上下协同、多维推进，总结提升、以案促治”等工作举措，提升主动维权能力，有力推动案件妥善处置，有序推进房产土地经营业务精细化管理，有效防范生产经营风险。

【有益经验】

1. 树立目标、明晰责任。研究制定专项工作计划，确定年度总体任务目标和具体任务清单，明确责任单位、责任人、处置方案、完成时限等，并建立每月、每季度动态跟踪机制，持续做好指导与督办。同时注重用好考核“指挥棒”，将案件处置作为依法治企考核的重要内容之一，纳入所属单位经营业绩考核范围，推动所属单位合规经营、妥善化解纠纷。

2. 上下协同、多维推进。主要负责人对重点案件亲自研究部署，分管法律事务领导和总法律顾问亲自参与部分案件处理，并督促责任单位落实相关工作。法律合规管理部门及时研究解决案件处理过程中的重点难点问题，加快案件结案进度；及时赴重点工程项目现场开展法律咨询服务，为建设精品工程保驾护航。涉案单位按照分级负责的原则，积极主动采取措施妥善处置案件。

3. 总结提升、以案促治。关口前移，注重抓好案件风险防范工作，对 6 类重要生产经营事项可能存在的法律风险进行深入梳理，提出应对方案。完善管理制度，建立长效机制，做好管理制度立改废释，确保管理制度合法合规审查率 100%，优化业务管控流程，查找堵塞管理漏洞，固化案件管理工作成果。深入总结案件管理工作成果，组织开展“以案释法”活动，剖析已结诉讼案件发案原因，推动实现“以案促管、以管创效”目标。

【案例点评】

三峡资产不断加强案件管理意识，细化管理路径，逐步提升主动维权能力，妥善处置因遗留问题引发的案件，为完善案件管理机制提供了有益参考。第一，在案件管理组织体系方面，深入推动各级主要负责人切实履行法治建设第一责任人职责，将案件管理工作纳入公司发展全局统筹谋划。第二，在案件管理工作机制方面，持续健全统一管理、分级负责的案件管理体系，压实案件管理的主体责任，不断强化事前风险防范，积极做好事中控制、事后处理，切实维护自身的合法权益。第三，在特色创新方面，以案件反映的管理问题为抓手，实现主营业务标准化文件从无到有；坚持法律合规人员走深一步、靠前一步，多举措、全方位提升案件管理队伍素能。

七、法治合规文化建设典型案例

（一）国网天津市电力公司“党建+法治”融合推进法治文化建设

【基本情况】

国网天津市电力公司（以下简称“国网天津电力”）发挥创新驱动意识，首创“党建+法治”融合机制，通过党建融合推动法治企业建设，培养企业法治文化，带动公司依法合规经营，实现党对公司法治工作的全方位引领、全过程推动。

【有益经验】

1. 整体谋划，建立工作体系。一是深入研究“党建+”模式的先进方法和内部原理，吸收借鉴其他专业工程的经验和成果，结合法治工作特点和公司实际，编制“党建+法治”实施方案，围绕4个维度设置13项重点工作任务。二是上下贯通，由法律部总体牵头，党建部配合指导，协同推动整体工作的开展；确定6家重点实施单位，打造6个“法治文化”先锋党支部，将法治理念和守法责任下沉到基层班组、员工。三是真抓实干，逐条逐项抓好任务举措的落实。各单位结合自身业务实际，细化工作举措、创新党建载体，全面深入推进“党建+法治”工程。

2. 抓住“关键少数”，深化法治建设领导责任体系。一是持续提升“关键少数”的法治能力。落实领导干部应知应会法律法规清单制度，开展领导人员每年读一本法治专著、写一篇法治论文、讲一堂法治课程的活动。建立“书记讲法”常态机制，各级党组织书记年度讲法共381次。公司总法律顾问定期面向法律分管领导开展履职能力培训，不断强化法治分管领导的履职能力和专业化水平。二是夯实公司两级履行推进法治建设第一责任人职责工作机制，建立干部任前法治谈话、法治述职制度，将领导人员运用法治思维、法治方式解决实际问题和分管领域法律知识学习成效，纳入“党建+法治”评价标准，有力提升“关键少数”的法治能力。

3. 法治落到支部，打通法治文化末梢神经。一是通过主题党日、支部共建、专题研究讨论、法治讲堂等多种形式开展法治学习，强化支部法治文化支撑。二是将特色微法治课与微党课有机结合，实现“每名党员讲一堂微法治课，每堂课解决一个法律问题”，建立学法常态机制，在支部内形成“人人学法、人人懂法、人人守法”的浓厚法治氛围。三是设立支部兼职法律合规员，负责组织本支部法律合规的具体工作，作为支部合规管理与业务执行相结合的纽带，引导法治意识和合规意识融入岗位职责和业务职责。四是发挥党员守法先锋模范作用，基层党支部设立党员守法责任区，实行守法合规承诺制，量身定制并签订《合规承诺书》；党员与职工群众结成帮扶对子，实现个体先进到群体先进，带动专业整体工作向全面依法合规迈进。五是各单位依托共产党员服务队、基层党支部，按照公司普法工作的整体部署，落实“法律六进”工作要求，深入社区、用户中开展专题普法活动，践行央企社会责任。六是打造“法治文化”先锋党支部，充分发挥引领作用，拓展自身法治文化的影响力，带动公司上下建立依法合规的良好风尚。

4. 创新方式载体，打造法治文化特色品牌。一是基层党支部结合本专业实际情况，开展模拟法庭、法治文化阵地、青年法治团队、专业合规手册等多种形式的法治文化建设工作。二是各单位和基层党支部结合自身优势特色，打造有支部特色亮点的“党建+法治”实践品牌。

【案例点评】

国网天津电力充分发挥党的领导作用，狠抓“关键少数”，有效提升公司领导人员对依法合规、依法决策的重视程度，各级领导人员履职意识、履职能力得到显著增强，带动公司上下扎实建立依法合规的法治文化。充分发挥基层党组织的战斗堡垒作用、党员的先锋模范作用，通过各类主题党日、支部共建、志愿服务活动，全面加强与政府部门的配合协作、与电力用户的交流沟通，为公司营造了良好的法治化营商环境。借助“法治文化”先锋党支部建设，打通了法治工作最后一公里，有效解决基层单位法律队伍力量较薄弱的问题，促使法治文化在基层一线扎根发芽，涌现了一批普法先进人物，打造了一批法治特色品牌，有力提升公司内外普法工作的有效性和影响力。同时充分发挥辐射和带动效应，全面提升公司员工尊法学法守法用法的自觉性和主动性，使法治理念在基层走实走深。

（二）云南电网有限责任公司打造法治文化品牌“云电法治周”

【基本情况】

2013 年，云南电网有限责任公司（以下简称“云南电网”）提出打造“知行合一 法治云电”文化实践主题构想，将每年 12 月 4 日“国家宪法日”所在周命名为“云电法治周”，集中开展法治宣传教育活动，至今已举办 10 届。作为南方电网首个原创法治文化主题实践活动，探索企业—行业—社会“三融合”精准普法的实施路径，形成了包括活动平台、LOGO、主题形象语、主题曲、周边文创产品等在内的活动体系，连续三年被云南省司法厅确定为全省“宪法进企业”活动示范点以及学习强国、中国普法等媒体多次报道的“网红”法治活动。

【有益经验】

1. 坚持思想引领，开启普法新局面。云南电网坚持以习近平法治思想为引领，通过二十大精神宣传贯彻、习近平论宪法宣传展板、法治高峰论坛、法治型企业建设成效展示、优秀法治文化作品展演等方式，在集中深入学习宣传宪法、弘扬宪法精神、维护宪法权威中，深入宣传习近平法治思想的精神实质和实践要求。营造全员尊法、学法、守法、用法的浓厚氛围，实现了“推进依法治企理念不断深入人心”的普法目标。

2. 坚持服务大局，以普法实践推进法治格局升级。“云电法治周”充分体现普法紧紧围绕改革发展大局的工作原则，从公司治理、合规管理、制度数字化转型、信用评价体系建设等方面展示云南电网法治型企业建设成效，讲述法律人员与业务人员共同推进依法治企的鲜活故事，组织公司全体员工开展合规承诺宣誓，引导公司全员提升合规管理意识，多层次推动依法治企部署落实落地。借助讲好云网法治故事，进一步推进企业形成办事依法、遇事找法、解决问题用法、推动发展靠法的氛围。

3. 落实行业责任，搭建能源法治建设平台。立足法治央企排头兵的定位，紧紧围绕企业改革发展大局，聚焦能源行业发展中的难点、痛点、堵点，积极“拓展法治‘朋友圈’，共建新型电力系统”的行业内涵。举办论坛研讨行业立法、司法、执法等，凝聚不同市场主体的法治共识，通过法治文化的“溢出”效应，发挥主动推动行业法治体系完善、自治能力提升的重要作用，与政府、发电企业、用电客户及其他利益相关方合力搭建了更加稳定、公平、透明、可预期的电力营商环境法治平台，以生动的普法实践推动法治格局向引领行业法治、推动法治社会建设升级。

4. 落实普法责任，创新推进企业、行业与社会普法深度融合。依托“云电法治周”活动载体，突出了“宪法进企业”活动与能源企业法治建设结合的特点，全面落实作为连接云南省电力上下游产业链的关键节点的行业普法责任。以典型案例释法、常见违法犯罪解读、视频会议系统、融媒体（“知行南网法治在线”“法治云电”微信公众号）、乐学南网等精准普法，实现了从单一活动向内涵丰富、具有广泛影响力的文化品牌升级，推动了从以内部普法为主向政府牵头、搭台、电力上下游产业链各界响应参与的内外普法并重拓展，开创了企业普法、行业普法与社会普法深度融合的新实践。

【案例点评】

“云电法治周”与国家宪法日宣传活动紧密结合，融入企业改革发展和生产经营，对内协同公司各业务部门，对外联动政府、法院等各部门。云南省司法厅要求省普法办总结推广，云南省能源局表扬活动有声有色、扎实有效，是云南省能源领域法治建设的“名牌”。“云电法治周”活动已成为行业法治文化建设的示范与标杆，推进法治全面升级为战略性、全局性、基础性工作，为云南电网向“三商”转型、建设具有全球竞争力的世界一流企业，营造良好的法治氛围，为构建法治化电力市场生态贡献了法治力量。

（三）广西电网有限责任公司打造“电力科技＋普法”特色法治文化

【基本情况】

广西电网有限责任公司（以下简称“广西电网”）深化创新型、服务型、互动型法治宣传教育模式，通过拓宽度、加力度、造热度“三度”工作法，打造“电力科技＋普法”特色法治文化，建设电力特色法治宣传教育基地。2022年，广西电网被全国普法办认定为第四批全国法治宣传教育基地，成为该批中唯一由企业建设的全国法治宣传教育基地。

【有益经验】

1. 拓展普法宽度，共建法治宣传教育阵地。联合广西科技馆共建广西电力法治科普宣传教育基地，通过“展览＋活动”的方式，持续发挥在电力科学普及、法治宣传教育等方面的优势，推动实现了实体馆接待量年均超过100万人次的目标，营造全社会崇尚科技创新以及学法、尊法、守法、用法的浓厚氛围。

2. 加大普法力度，共治涉电公共安全风险。将“电力行业一站式多元纠纷化解机制”“涉电公共安全风险防范长效机制”等法治南网建设成果融入基地建设。一是受众可在基地沉浸式云享法庭（模拟法庭）体验区开展模拟法庭体验、云享法庭实时连线调解纠纷体验等活动，亲身体验广西电力行业人民调解工作。二是受众可通过体验基地中设置的跨步电压、高压电避险知识、电磁辐射测量等展品，了解安全用电知识以及电力法等法律知识，从源头防范涉电公共安全风险。

3. 营造氛围热度，共享法治宣传教育成果。形成了“法治观察”“电博士”“科学玩家”“天宫课堂”等品牌。充分利用知识产权保护日（4月26日）、民法典宣传月、“六一儿童节”、国家宪法日（12月4日）、全国科普日等时间节点，深入全区中小学开展“电力普法进校园，心系儿童保安全”“百村千场普法动漫电影下乡”“涉电公共安全风险防范法治宣传教育”等主题活动，并通过举办科普主题展览、法治专题讲座、模拟法庭等形式多样的活动，面向公众宣传宪法、民法典、电力法、专利法等法律法规，惠及群众年均超过100万人次，实现了多媒体、立体互动式法治科普教育。

【案例点评】

广西电网落实“谁执法谁普法”“谁管理谁普法”“谁服务谁普法”普法责任制，精心建设法治宣传教育基地，打造“电力科技＋普法”特色法治文化，拓展普法宽度，加大普法力度，营造氛围热度，传播法治理念，推进法治广西建设，形成了“法治观察”“电博士”“科学玩家”“天宫课堂”等品牌，构建了政府指导、部门负责、群众参与、社会支持的媒体普法新格局，实现法治文化同频共振、法治宣传教育成果共享，推动在全区树立起法治信仰观念，提升员工的法治素养。

（四）华能曹妃甸港口有限公司创新开展“三个一”合规文化建设

【基本情况】

华能曹妃甸港口有限公司（以下简称“曹妃甸公司”）在推进合规文化的创新实践过程中，着力抓好“三个一”，即一个途径（以文铸魂，探索员工自觉践行的实践途径）、一个机制（协同运行，建立行之有效的管理标准）、一个品牌（履行责任，提升曹妃甸公司的品牌形象），形成了具有自身港口特色的、根植于华能“三色文化”基础上的合规文化培育体系。

【有益经验】

1. 以文铸魂，探索员工自觉践行的实践途径。一是通过领导示范，布道立行。成立合规管理委员会，定期组织、召开合规管理委员会会议，研究公司合规管理和合规文化建设工作，通过上行下效，感染和影响全体职工积极践行合规文化价值理念。二是树立价值导向，引领成才。将合规文化纳入干部选拔和人才培养工作机制，将合规价值观注入员工薪酬绩效、年度考评体系，将无形的合规文化转化为有形的制度安排。三是增强传承基因的认知认同。综合运用典礼仪式、宣讲讨论、参观学习、文体活动、征文比赛、演讲比赛、测试竞赛、签署合规承诺书、合规宣誓等多种形式的活动，强化员工的合规意识，使合规文化内化于心、外化于行。

2. 协同运行，建立行之有效的管理标准。一是推行管理制度全面覆盖。组织修订《合规管理办法》《合规手册》等基本制度规范，制定发布《合规重点领域专项指引》，优化完善内部制度体系，及时完成“外规”转“内规”工作。二是强化绩效考评。将合规文化建设纳入部门年度绩效考核体系，做到合规文化建设与生产经营管理工作同时布置、同时检查、同时考核，平衡业务拓展与风险管理的关系。三是注重总结推广提升。定期开展调研，总结经验、创新思路、强化合规文化建设过程管控，客观评价公司各部门和三道防线合规文化建设工作成效，不断改进及提升合规文化建设工作。

3. 履行责任，提升曹妃甸公司的品牌形象。一是在安全生产领域，组织制定

《安全生产合规专项指引》，将合规要求融入港口疫情防控、风险识别、隐患排查、反违章治理、作业效率等各个方面，以合规保安全，以合规促生产。二是在经营业务领域，将合规要求纳入降本节支、提质增效各个方面。三是在管理提升领域，将合规要求融入公司法人治理、股权管理、三会建设、制度管理、风险防控、工程建设、合同管理、采购招投标等各个领域，促进合规文化建设与公司现代治理结构同频共振。四是在科技发展和项目建设领域，将合规文化融入智慧港口建设和前期项目建设全过程，以合规引领创新，提高港口整体作业能力。五是在党建和队伍建设领域，将合规纳入党建责任制考核评价机制和员工个人年度考核评价机制，将合规建设与部门党建绩效和个人职业发展相联系，以合规促进党建工作和队伍建设双提升。

【案例点评】

曹妃甸公司积极倡导和开展合规文化建设，对港口企业依法合规经营，防范生产经营风险具有非常重要的现实意义。第一，提升了公司核心竞争力。借助推行合规文化建设，最大限度地防范经营风险，同时有效提升服务质量、信誉口碑等企业软实力，实现过港量提升，提高综合竞争能力。第二，推动了公司健康有序发展。通过推行合规文化建设，促进公司建立和完善规章制度体系，实现依法合规经营。第三，更好地履行社会责任，提升了企业形象。借助开展合规文化建设，有利于改进社会责任绩效，向社会传递诚实守信的经营理念，进而提升和巩固公司的品牌形象，维护公司声誉。

（五）华电福新江门能源有限公司通过“四融入、三嵌入、三强化”提升全员合规意识

【基本情况】

华电福新江门能源有限公司（以下简称“江门公司”）通过推动合规化管理，创建“351”合规管理体系、规范 PDECP 合规管理流程，将合规化深入融合到企业党建引领、安全生产、经营发展中，探索形成了“合规管理、助邑发展”的合规管理文化理念，助力公司在江门五邑地区高质量发展。

【有益经验】

1. 以“三条线、五道关、一体化”方式构建合规管理体系，营造合规文化氛围。做实“三条线”：健全并落实党总支会顶层谋划、董事会全面领导、主要领导总体负责、班子成员分工负责、业务部门主责推动做实第一道防线，牵头部门归口管理做实第二道防线，监督部门监督问责做实第三道防线的内控合规风险管理责任落实机制。落实“五道关”：通过合规管理每日一学、每周一考、每月一报、每季一

评、每年一题的方式，推进合规管理体系规范化。构建“一体化”：通过内控、合规、风险三个方位创建一体化管理体系，推动合规管理与法律风险防范、监察、审计、内控、风险管理等工作相统筹、相衔接，确保合规管理体系有效运行。

2. 以“PDECP管理流程”规范合规工作行为，强化员工规矩意识。借助将合规化与党建、安全、生产、经营、发展深度融合，探索出一套完整的“PDECP管理流程”，即计划事项（Plan），合规流程实施（Do），事件办结（End），合规化检查（Check），再次完善（Perfect）。依托合规管理每日一学、每周一考、每月一报、每季一评、每年一题，让“合规”深入每个员工的意识，让意识变为行为，让行为成为习惯，让安全生产更为有序。

3. 尊崇按制办事，固化全员行为习惯。每年开展制度“立改废”工作，严格按照“三单一表”要求修订各项业务制度，完善和优化制度建设机制，切实扎紧制度“笼子”。各业务部门严格执行规章制度、坚持层级管理、规范安全生产管理业务。各职能部门从党建引领、安全生产、经营效益、项目发展、改革创新等方面严格按照相关制度履行职能执行考核，考核结果每月在OA系统中公布一次，做到制度透明、信息公开、管理清晰。

4. 严守合规底线，通过“四融入、三嵌入、二强化”牢固树立合规理念。借助“四融入、三嵌入、二强化”将内控合规要求和风险防控举措融入到企业文化、融入到安全生产、融入到中心工作、融入到经营发展；嵌入到体系建设、嵌入到岗位职责、嵌入到业务流程；强化企业合规管理、强化合规文化建设，严格把“合规”二字落实到整个生产经营管理系统中。

【案例点评】

江门公司持之以恒地推进合规管理，尤其是用创新的方式加强合规文化建设，实现了企业合规文化建设由个体向团体、由碎片化向系统化的转变，增强了全员合规意识，让全体职工自觉做到“心有所畏、行有所止”，形成了“合规经营、合规管理、合规发展”的浓厚氛围，为企业高质量发展提供了有力保障。

后　记

经过编者们的辛勤努力，《中国电力行业法治合规年度发展报告 2023》（以下简称《报告 2023》）正式与各位读者见面了。在《报告 2023》的编写过程中，国家电网有限公司、中国南方电网有限责任公司、中国华能集团有限公司、中国大唐集团有限公司、中国华电集团有限公司、国家能源投资集团有限责任公司、国家电力投资集团有限公司、中国长江三峡集团有限公司、中国核工业集团有限公司、中国广核集团有限公司、中国电力建设集团有限公司、中国能源建设集团有限公司、广东省能源集团有限公司、浙江省能源集团有限公司、协鑫集团有限公司、内蒙古电力（集团）有限责任公司、中国电气装备集团有限公司等中电联理事长和副理事长单位，均提供了大量的法治合规素材及优秀案例，对《报告 2023》的编写工作给予了大力支持和帮助。

国家电网白如伟、南方电网谢佳婷、中国华能周勇、中国大唐郑余秋、中国华电潘国媛、国家能源集团祝融、国家电投陈娟、三峡集团邹一葵、中核集团李德珺、中国广核集团丁锐、中国电建董芳、中国能建张杰为、广东能源集团何伟强、浙能集团王林芳、内蒙古电力（集团）刘超、协鑫集团焦英智、中国电气装备龚培兴等同志为本集团资料的收集整理、汇总提交做了大量的协调工作。

《报告 2023》各章主要撰稿人：第一章由国网宁夏电力王晗编写；第二章由国网安徽电力徐宝华编写；第三章由国网江苏电力马广编写；第四章由国网福建电力林新、叶继宏编写；第五章由国家能源集团李爱平、国网山东电力李太厚编写；附录案例由中电联法律分会秘书处潘卫群整理。

《报告 2023》由中电联法律分会秘书处蓝国青、潘卫群统稿。国务院国资委法规局王超，中电联冀瑞杰，国家电网刘树根、张东、吴伟伟、杨程程，国家能源集团李爱平，国网宁夏电力白如银，国网冀北电力马体、杨建等专家拨冗审核了《报告 2023》，并提出了中肯、宝贵的意见和建议。在此一并表示感谢！

需要说明的是：第一，《报告 2023》的内容主要涵盖 2022 年度法治合规工作情况；第二，《报告 2023》的素材主要来源于各会员单位提交的相关材料和官方媒体的公开报道，原作者众多，恕未一一署名；第三，囿于素材，《报告 2023》主要说明了国有电力企业特别是央企的法治合规工作情况，地方电力企业、民营电力企业及基层单位的有关内容则相对较少。

《报告2023》由中电联法律分会牵头负责组织编写、征求意见、统稿审核等工作，受编撰时间、资料收集和编者水平所限，难免存在不足之处，敬请读者批评指正。今后，我们将秉持中电联“立足行业、服务企业、联系政府、沟通社会”的宗旨，不断总结经验，提升编撰质量，凸显专业价值，使系列报告成为全景展现我国电力行业法治合规工作的一扇窗口，更好地为电力行业的高质量发展聚力赋能。